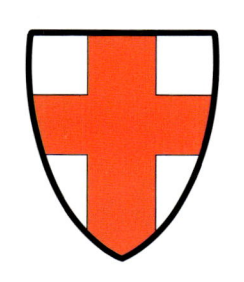

TRIER

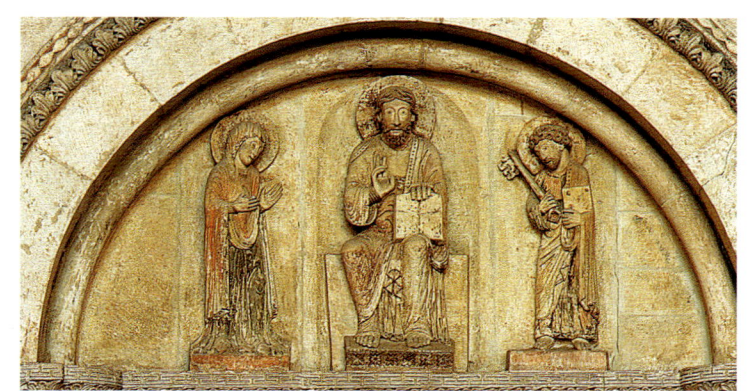

Trier, Dom:
Romanisches Tympanon mit thronendem Christus, flankiert von Maria und Petrus, um 1180

INHALT

Das Erzbistum und die Papstkirche *Dr. Hans-Joachim Schmidt*	Seite 2
Entwicklung der Bistumsorganisation und der Pastoralstrukturen *Prof. Dr. Wolfgang Seibrich*	Seite 6
Gottesdienst und Volksglauben im Spätmittelalter *Prof. Dr. Andreas Heinz*	Seite 11
Die Erzbischöfe als weltliche Herren *Christian Schieffer*	Seite 16
Balduin: Bischof und Landesherr *Ernst Mettlach*	Seite 20
Jakob von Sierck *Ernst Mettlach*	Seite 21
Nikolaus von Kues *Prof. Dr. Klaus Kremer*	Seite 22
Zeittafel	Seite 24
Trier und Koblenz als Zentren *Dr. Dieter Kerber*	Seite 26
Die Verfolgung Andersdenkender *Prof. Dr. Richard Laufner*	Seite 29
Die Gründung der alten Trierer Universität *Dr. Winfried Weber*	Seite 32
Kirchenbau und bildende Kunst im alten Erzbistum *Prof. Dr. Franz Ronig*	Seite 35
Klöster und Stifte im Erzbistum *Dr. Frank Hirschmann*	Seite 42

Das Erzbistum und die Papstkirche

- Dr. Hans-Joachim Schmidt -

Steigerung der päpstlichen Macht

Zur Mitte des 11. Jahrhunderts begannen entscheidende Veränderungen in der Gesamtkirche. Die Päpste schickten sich an, die westliche Christenheit zu uniformieren und zu reglementieren. Papst Gregor VII. (1073-1085) stellte weitreichende Forderungen: daß er alle Bischöfe absetzen dürfe; daß er Bischöfe auf andere Bischofssitze versetzen könne; daß er von niemandem gerichtet werden dürfe; daß er neue Gesetze erlassen dürfe; daß die wichtigsten Rechtsfälle ihm zur Entscheidung vorgelegt werden sollten; daß allein die römische Kirche universal sei usw. Das kirchliche Recht wurde mehr und mehr vereinheitlicht; es wurde zum Recht, das die Päpste und die von ihnen geleiteten Synoden erließen. Die Päpste sandten vermehrt Legaten aus. Sie gewährten Privilegien an Personen und Kirchen in der gesamten Christenheit. Sie erteilten Befehle. Die Päpste beanspruchten die Fülle der Macht. Rom wurde ein Zentrum der Kirchenreform. Ziele der Reformen waren u. a. das Zölibat und das Verbot der Besetzung geistlicher Ämter durch Laien (Laieninvestitur). Besonders Letzteres rief Konflikte mit den Königen hervor, die bislang die Einsetzung in Bischofsämter als ihr Recht ansahen und davon auch Gebrauch machten.

Was die Päpste taten, wurde immer wichtiger für die Geschicke in der Trierer Diözese. Auch die Erzbischöfe von Trier sahen sich erhöhten Anforderungen der Päpste ausgesetzt. Zugleich gerieten sie in den Strudel der Auseinandersetzungen zwischen Papst und Kaiser. Als nach dem Tod von Udo von Nellenburg 1078 König Heinrich IV. als neuen Erzbischof Egilbert von Ortenburg (1079-1101) einsetzte, traf dies auf den heftigen Widerstand von Papst Gregor VII.. Egilbert sagte sich von Gregor los, bezeichnete ihn als Usurpator, klagte ihn zahlreicher Verbrechen an und unterstützte den Gegenpapst Clemens III.. Erzbischof Egilbert geriet damit auch in schroffen Gegensatz zu seinem Suffraganbischof Hermann von Metz, einem treuen Anhänger Gregors, und schließlich auch zu den Suffraganbischöfen von Verdun und Toul. Metropolitanrechte konnte der Trierer nicht ausüben.

Dies sollte nicht die letzte Auseinandersetzung zwischen den Päpsten und den Trierer Erzbischöfen bleiben. Sie wurden umso vehementer ausgefochten, je unerbittlicher die päpstlichen Maßnahmen in die Geschicke des Erzbistums eingriffen. Aber - Streit war nicht der Normalfall. Vielmehr waren die Trierer Erzbischöfe darauf angewiesen, ihre Autorität im Wechselspiel mit der päpstlichen Kurie zu entfalten. Schon der unmittelbare Nachfolger von Erzbischof Egilbert, Bruno von Lauffen (1102-1124), nutzte seine guten Kontakte zu den römischen Bischöfen, vermittelte zwischen ihnen und Kaiser Heinrich V. und bereitete den Kompromiß vor, der im Wormser Konkordat 1122 das Verfahren der Bischofswahl regelte.

Siegel des Trierer Erzbischofs Bruno (1102-1124) (Abguß)

Ein besonderer Höhepunkt der Beziehungen zur römischen Kirche war der glanzvolle Aufenthalt von Papst Eugen III. in Trier im Winter 1146/47. Er weihte die neu erbaute Kirche St. Eucharius / St. Matthias. Er unterstützte das Wirken der heiligen Hildegard von Bingen. Der Erzbischof, der den Papst empfing, war Adalbero von Montreuil (1131-1152), ursprünglich ein Metzer Domkanoniker, der seine Erhebung päpstlicher Intervention verdankte, in Vienne geweiht wurde und die Trierer Kirche als zweites Rom zu etablieren trachtete. Ihm wurde das Amt eines ständigen päpstlichen Legaten für Deutschland übertragen. Er erhielt päpstliche Unter-

Trier, Dom: Grabbogen des Kardinallegaten Ivo (+ 1142)

Trier, Westfassade der Abteikirche St. Matthias, 1148 von Papst Eugen III. geweiht

stützung in seinem Vorhaben, die Abtei St. Maximin der erzbischöflichen Herrschaft zu unterwerfen. Albero hatte sich in dieser Angelegenheit sogar persönlich nach Rom begeben. Die freundschaftlichen Kontakte zu Bernhard von Clairvaux nutzte Albero zur Gründung des ersten Zisterzienserklosters im Erzbistum in Himmerod.

Eingreifen der Päpste in das Trierer Erzbistum

Immer wichtiger sollten nun die päpstlichen Entscheidungen werden. Dies galt besonders dann, wenn das Domkapitel bei der Wahl eines neuen Erzbischofs zerstritten war. Papst Urban III. erkannte 1186 Folmar als rechtmäßigen Bischof an, wies damit Ansprüche des von der Mehrheit gewählten Rudolf von Wied zurück, konnte aber den Streit zwischen beiden nicht beenden. Schließlich setzte Papst Clemens III. im Juni 1189 beide ab und öffnete so den Weg zur Neuwahl, bei der auch ein päpstlicher Legat anwesend war.

Der Episkopat von Theoderich von Wied (1212-1242) zeigte eine besonders enge Zusammenarbeit zwischen Erzbischof und Papst. Die Reformen, die vom vierten Laterankonzil (1215) angemahnt wurden, versuchte Theoderich zu verwirklichen.

Siegel des Trierer Erzbischofs Theoderich II. v. Wied (1212-1242) (Abguß)

Mehrmals berief er Provinzialsynoden ein. Er förderte die Ansiedlung der Bettelorden. Er begann damit, die Anti-Ketzer-Gesetze anzuwenden, die zu dieser Zeit erlassen wurden und erstmals eine spezielle Institution, die Inquisition, vorsahen. Sein Plan indes, in Prüm ein weiteres ihm unterstelltes Suffraganbistum einzurichten, scheiterte am Desinteresse, vielleicht auch an der Ablehnung Papst Gregors IX.

Nach dem Tod Theoderichs brachen in Trier Auseinandersetzungen zwischen Anhängern Kaiser Friedrichs II. und Papst Innozenz' IV. aus. Der Sieg des von der päpstlichen Partei unterstützten Arnold von Isenburg (1242-1259) war zugleich eine Entscheidung, die das Erzbistum Trier vermehrt dem Einwirken der päpstlichen Macht öffnete. Wie stark, aber auch wie begrenzt sie war, zeigte sich an den langjährigen Auseinandersetzungen, die Heinrich von Finstingen (1260-1286) auszufechten hatte. Nachdem sich das Domkapitel auf keinen Kandidaten für das Amt des Erzbischofs hatte einigen können, ernannte Papst Alexander IV. Heinrich zum neuen Trierer Oberhirten. Es war die erste päpstliche Ernennung (Provision) in der Trierer Diözese. Umsonst war sie nicht. Heinrich sollte sehr hohe Geldsummen an die römische Kurie zahlen. Florentiner Bankiers sollten die finanziellen Transaktionen abwickeln. Aber Heinrich zahlte nicht. Umgehend wurde er daraufhin von seinem Amt abgesetzt, schließlich exkommuniziert, und über das gesamte Erzbistum wurde das Interdikt verhängt, d.h. alle Gläubigen sollten von den Gottesdiensten ausgeschlossen werden. Aber nur ein kleiner Teil der Priester fügte sich den päpstlichen Anweisungen. Es war nicht möglich, Heinrich aus seinem Amt zu drängen. Am Ende kam es zu einem Kompromiß. Heinrich versprach, einen Teil der auferlegten Gelder zu begleichen.

Die päpstliche Kurie war immer mehr auf Zahlungen aus den Diözesen angewiesen. Es entstand ein Besteuerungssystem. Für die vom Papst angeordnete Überlassung eines geistlichen Amtes mußte gezahlt werden, ebenso zur Finanzierung eines Kreuzzuges, selbst wenn dieser nie stattfand. Es gab eine Vielzahl von Abgaben. Kollektoren zogen durch das Erzbistum. Sie erfaßten die Einkünfte und versuchten, die Steuern zugunsten des Papsttums einzutreiben. Der Widerstand, der ihnen entgegenschlug, war oft heftig. Es kam sogar dazu, daß Kollektoren ermordet wurden.

Die Päpste suchten durch die Ernennung der Erzbischöfe sowohl ihre Macht als auch die finanziellen Ressourcen zu steigern. Dieter von Nassau (1300-1307), Dominikaner und Bruder König Adolfs I., verdankte seine Erhebung ebenso päpstlicher Provision wie Balduin von Luxemburg (1307-1354), Bruder König Heinrichs VII.. Balduin wurde von Papst Clemens V. in Poitiers geweiht. Gleichwohl gehörte er während der Auseinandersetzungen, die Kaiser Ludwig der Bayer mit den Päpsten führte, zu den Papstgegnern. Die Konflikte wurden noch verschärft, als Balduin entgegen den päpstlichen Anordnungen seit 1328 die Erzdiözese Mainz und seit 1331 die Diözesen Worms und Speyer verwaltete. Viele Jahre lang war Balduin von den Päpsten exkommuniziert, über das Erzbistum das Interdikt verhängt. Erst 1344 konnte er sich nach langwierigen Verhandlungen mit der Kurie in Avignon aus den Kirchenstrafen lösen, die zwar im Trierer Land nicht beachtet worden waren, aber doch

Siegel des Trierer Erzbischofs Heinrich II. v. Finstigen (1260-1286) (Abguß)

Siegel des Trierer Erzbischofs Otto v. Ziegenhain (1418-1430) (Abguß)

die Stellung des Trierer Erzbischofs in der Gesamtkirche empfindlich beeinträchtigt hatten.

Krise der Papstkirche

Die Praktiken der Päpste und ihrer Kurie, die sich seit ca. 1309 in Avignon statt in Rom aufhielten, stießen auf immer schärfere Kritik - auch in Trier. Dort argumentierte Lupold von Bebenberg, daß die Machtfülle des Papstes beschränkt werden müsse. Die von vielen geforderte Rückkehr des Papstes nach Rom sollte der Anfang für Besserungen sein. Als aber 1378 erstmals wieder ein Papst in Rom selbst gewählt und inthronisiert wurde, war das schließlich nur der Beginn eines noch tieferen Niedergangs. Die Mehrheit der Kardinäle rückte von ihrer ursprünglichen Wahl ab und einigte sich auf einen neuen Papst. Dieser bezog seine Residenz wieder in Avignon. Die Folge war: zwei Päpste, zwei Kardinalskollegien, zwei päpstliche Kurien standen sich gegenüber - die einen in Rom, die anderen in Avignon. Schlimmer noch: für beide Päpste wurden Nachfolger gewählt. Die westliche Christenheit war geteilt - viele Jahrzehnte lang bis 1417.

Die Trierer Erzbischöfe unterstützten die Päpste in Rom, die Suffraganbischöfe in Metz, Toul und Verdun hingegen die Päpste in Avignon. Auch in den westlichen Teilen des Trierer Erzbistums waren die meisten für Avignon. Der Riß ging quer durch einzelne Orden, mitunter sogar durch einzelne Klöster und Stifte. Das Konzil zu Pisa 1409 hat mit der Papstwahl von Alexander V., dem Papst Johannes XXIII. nachfolgte, die Situation nur noch mehr verwirrt, als nunmehr drei Päpste gegeneinander standen. In Trier hat man die Pisaner Richtung unterstützt. Als Johannes XXIII. 1414 nach Konstanz ein Konzil einberief, das bis 1418 andauerte, nacheinander alle konkurrierenden Päpste absetzte und zahlreiche Reformdekrete verabschiedete, beteiligten sich auch der Trierer Erzbischof und die Geistlichen seiner Diözese an der Konzilsarbeit. Nachdem mit der Wahl Papst Martins V. 1417 die Einheit der Kirche wiederhergestellt worden war, ging der Trierer Erzbischof Otto von Ziegenhain (1418-1430) sofort daran, die Beschlüsse zur Reform der Kirche, wie sie auf dem Konstanzer Konzil beschlossen worden waren, in seiner Diözese zu verwirklichen. Er erbat und erhielt dazu päpstliche Privilegien.

Der Ruf nach Reform war lauter denn je, auch in der Trierer Diözese. Reform bedeutete aber auch, anders als in den Jahrhunderten zuvor, die Macht- und Geldmittel des Papstes zu beschränken. Das Baseler Konzil, trotz päpstlichen Widerstandes 1431 einberufen, wurde zum Forum der Papstkritiker. Trierer Teilnehmer spielten dabei eine prominente Rolle, an erster Stelle Nikolaus von Cues, der auf dem Konzil erste Proben seines Geschicks und seiner Gelehrsamkeit ablegte. Sein Auftrag lautete, die Interessen von Erzbischof Ulrich von Manderscheid (1430-1438) zu vertreten, der sich - letztlich erfolglos - gegen einen vom Papst Ernannten durchzusetzen versuchte. Die Entscheidung des Baseler Konzils von 1439, Papst Eugen IV. abzusetzen und einen neuen Papst zu wählen, führte zu einem Schisma, dem letzten in der westlichen Christenheit. Wie die anderen deutschen Fürsten und Bischöfe erklärte sich der Trierer Erzbischof Jakob von Sierck (1439-1456) neutral. Länger als die anderen Oberhirten beharrte er auf dieser Position, was bedeutete, daß keine päpstliche Oberaufsicht akzeptiert wurde. Nikolaus von Cues hingegen hatte sich von den Baseler Konzilsvätern distanziert und unterstützte Papst Eugen IV. und dessen Nachfolger. Sein Parteiwechsel wurde mit der Erhebung zum Kardinal belohnt. Er war der erste Trierer, der eine solch hohe Würde einnahm. Als päpstlicher Legat betrat er im Jahre 1451 wieder heimatlichen Boden. Er sollte Ablässe spenden, die Anerkennung des römischen Papstes endgültig absichern und die Kirchen in Deutschland reformieren. Besonders in der Trierer Diözese ist er mit der letztgenannten Aufgabe meist erfolglos geblieben. Die vier Trierer Bettelordenskonvente haben sogar erreicht, daß der Papst die Maßnahmen des Kardinallegaten wieder aufhob.

Waren auch um die Mitte des 15. Jahrhunderts die heftigen Kämpfe zwischen Papst und Konzil beendet, und bewegte sich auch das Schiff der Trierer Kirche nunmehr in ruhigerem Fahrwasser, so lockerten sich die Bindungen zum Papsttum zugunsten einer immer stärkeren Kontrolle durch die Landesherren. Konkordate mit den Päpsten schränkten deren Rechte ein, beschränkten insbesondere deren Möglichkeiten, geistliche Ämter zu besetzen und Gebühren zu erheben. Aber auch die Stellung der Trierer Oberhirten war bedroht. Nur insofern sie zugleich auch Herren eines weltlichen Territoriums waren, vermochten sie effektiv geistliche Oberaufsicht auszuüben und Reformen in zahlreichen Klöstern und Stiften anzustoßen. Aber die Gefahr, daß gesonderte Landeskirchen voneinander abdrifteten, war damit heraufbeschworen. Reformation und Gegenreformation haben im 16. Jahrhundert diese Gefahren Wirklichkeit werden lassen.

St. Wendel, Innenansicht der Pfarr- und Wallfahrtskirche St. Wendalinus
(Baubeginn Mitte 14. Jahrhundert);
im Vordergrund Steinkanzel mit dem Stifterwappen des Kardinals Nikolaus v. Cues.

Entwicklung der Bistumsorganisation und der Pastoralstrukturen

- Prof. Dr. Wolfgang Seibrich -

Die Bischöfe als geistliche Ordinarien

Die Nachrichten über die geistliche Tätigkeit der Erzbischöfe verringern sich von der 2. Hälfte des 13. bis zur Mitte des 15. Jahrhunderts. Eine Reihe von ihnen verstand sich zuallererst als Landesherr, und auch durchaus geistliche Persönlichkeiten wie Kuno II. von Falkenstein, Otto von Ziegenhain und Richard von Greiffenclau führten

Trier, Domschatz: Perikopenbuch des Trierer Erzbischofs Kuno v. Falkenstein (1362-1388) : Stifterbild mit thronendem Erzbischof

wie selbstverständlich selber das Schwert. Für Balduin von Luxemburg und Kuno von Falkenstein nahm sogar die Familienpolitik wie in anderen Adelsfamilien einen besonderen Platz ein. Die Folgen dieser Entwicklung waren auf geistlichem Gebiet unübersehbar, vor allem in der zunehmenden Konkurrenz zwischen geistlicher und weltlicher Gerichtsbarkeit in fremden Territorien. Schon im Jahre 1310 beklagt sich der Klerus der Trierer Kirchenprovinz darüber beim Konzil von Vienne.

Zwar wurde die bischöfliche Amtsautorität bis ins Spätmittelalter nie wirklich in Zweifel gestellt, aber auch kleinere Nachbarn erzwangen in Einzelverträgen schon im 14. Jahrhundert Kompetenzen im Grenzbereich.

Vor allem Herzog René von Lothringen begann um 1445 mit einer Politik, die bald zur praktischen Einführung des "Plazet" führte, das die Veröffentlichung kirchlicher Erlasse, vor allem zunächst der päpstlichen, an die landesherrliche Zustimmung knüpfte. Ab 1485 folgten in Luxemburg die Erzherzöge Maximilian und Philipp mit ähnlichen Erlassen, die die bischöfliche und archidiakonale Aufsicht über die niederen Benefizien, und damit vor allem die Pfarrseelsorge, erheblich zugunsten der territorialen Instanzen einschränkten.

Dies dürfte auch einer der Gründe dafür gewesen sein, warum die Trierer Erzbischöfe im Gegensatz zu ihren Amtsbrüdern im Reich zunehmend auf die Abhaltung von Synoden verzichteten, die woanders das Forum der bischöflichen Amtsautorität und Weisungskompetenz waren. Während wir aus den Amtszeiten der Erzbischöfe bis Balduin meist nur zwei oder drei Synoden kennen, lassen uns die Nachrichten darüber ab der Mitte des 14. Jahrhunderts völlig im Stich. Auf die vorgeschriebenen Provinzialsynoden verzichtete man fast völlig (sogar Nikolaus von Cues konnte eine solche auf seiner großen Legationsreise 1451 in Trier nicht durchführen), so daß die von 1310, 1423 und 1549 umso mehr von weittragender Bedeutung wurden. Nachdem der Plan Balduins, den Klerus des Niedererzstifts und des Obererzstifts in jährlichen Konferenzen zusammenzuführen, gescheitert war, wuchsen die Landkapitel zunehmend in die Rolle von Aufsichtsbezirken hinein, ohne daß dies zunächst an deren Strukturen erkennbar war, da sie sich weiterhin als Bruderschaften verstanden und ihren Landdechanten wählten.

Bistumsweites "Bewußtsein" schufen die bischöflichen Steuern, darunter vor allem das immer mehr in den Vordergrund tretende "Subsidium" als Klerussteuer, auch wenn Tendenzen der Territorialherren zur Unterbindung der Zahlung durch "ihren" Klerus bereits jetzt unverkennbar wurden.

Entwicklung der geistlichen Verwaltung

Beginnend mit Erzbischof Johann (1189-1212), der Kanzler Kaiser Friedrichs I. gewesen war, bauten sich die Trierer Erzbischöfe eine Verwaltung auf, die umso wichtiger wurde, als auch weiterhin die Amtsinhaber häufig in Reichsangelegenheiten abwesend waren.

des Bischofs - das nun fast ständige Amt des Generalvikars einführte, das zu seiner Zeit über Jahrzehnte von Daniel von Wichterich und in der Folge häufig, ab 1483 ständig, vom Weihbischof ausgeübt wurde. Mit der Einrichtung des Siegleramtes, in dem alle Gebühren und Abgaben an den Bischof zusammenflossen, war eine personelle Trias entstanden, die den Kern des geistlichen Teils der "Familia episcopi" ausmachte.

Mit dem Ausbau der Siedlungen im Hochmittelalter und mit der Zunahme der Orden und Klöster steiger-

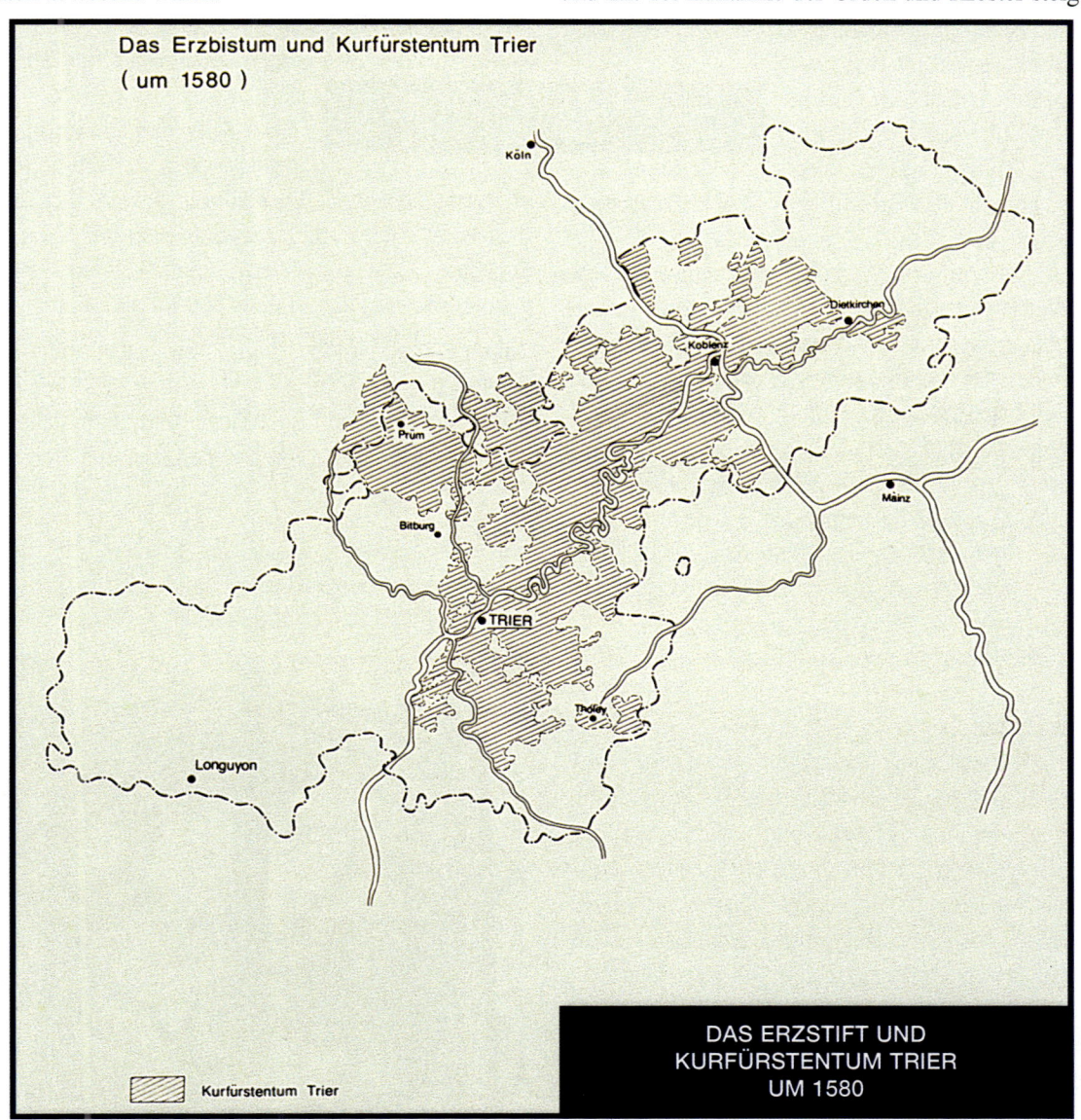

DAS ERZSTIFT UND KURFÜRSTENTUM TRIER UM 1580

Entscheidend für diese "Kurie" wurde um die Wende vom 12. zum 13. Jahrhundert zunächst die Einführung des aus dem Westen stammenden Offizialats, das die bischöfliche Aufgabe der Rechtsprechung übernahm. Balduin scheint mit der Einrichtung eines zweiten Offizialats in Koblenz die bisherige ad-hoc-Gewohnheit institutionalisiert zu haben. Er war es auch, der aus der bis dahin gelegentlichen Beauftragung - manchmal sogar an mehrere Vertreter

te sich die Fülle an Konsekrationen und Weihen. Die zunehmende weltliche Inanspruchnahme der Erzbischöfe zwang sie, wie ihre Amtskollegen überall im Reich, Bischöfe zu diesen Aufgaben heranziehen, die aufgrund ihrer Lebensumstände zur Verfügung standen. Ab der Mitte des 14. Jahrhunderts entstammten die Weihbischöfe den Bettelorden. 1517 wählte Erzbischof Richard erstmals einen Bistumspriester.

Das Domkapitel

Obwohl das Domkapitel zunächst noch ohne Bistumsfunktion war, beschäftigte die zuletzt im 10. Jahrhundert gescheiterte Idee einer "Vita communis" die Erzbischöfe auch weiterhin, zuletzt Theoderich II. mit seinen vergeblichen Reformen zwischen 1215 und 1227. Das rein adlige Kollegium erstritt sich Schritt für Schritt das alleinige Recht der Bischofswahl (erstmals bei der Wahl Arnolds II. 1242), was jedoch auch weiterhin Doppel-Wahlen nicht ausschloß und mit dem Schisma von 1430 sogar die traumatischen Erlebnisse des Schismas von 1183-1189 wiederholte. Auf dem Weg über immer anspruchsvollere Wahlversprechen gewann es eine zunehmende Unabhängigkeit vom Erzbischof, die sich im Spätmittelalter sogar zu einer Art Mit-Regierung ausdehnte. Spätestens seit Johann I. oder Theoderich II. war jedes der fünf Archidiakonate, das formell auch weiterhin an bestimmte Kirchen geknüpft war, mit einer Domherrenstelle verbunden. Es bedurfte einer langen Entwicklung, bis sich das bischöfliche Offizialat gegen die Konkurrenz der Kurien der Archidiakone, wie sie sich im 13. Jahrhundert herauskristallisiert hatte, durchsetzen konnte.

Siegel des Trierer Domkapitels (Abguß)

Die Pfarrei

Mit dem Ende der Rodungsphase gegen Ende des 12. Jahrhunderts war die Entwicklung der räumlichen und pfarrlichen Erschließung des Erzbistums so gut wie beendet. Zuletzt waren - vor allem in den neuerschlossenen Rodungsgebieten - noch eine Reihe von Kleinpfarreien entstanden, deren Zehntbezirke klein und deren Dotierung für den Pfarrer gering war. Die großen Epidemien, die seit der Mitte des 14. Jahrhunderts ganz Europa heimsuchten, verringerten den Druck des Bevölkerungswachstums. Nur selten kam es daher in der Folge noch zur Abtrennungen einer Filiale vom Pfarrort.

Die Rolle des Bischofs im Leben der Pfarreien war gering. Infolge des in Weiterentwicklungen auch weiterhin gültigen Eigenkirchenrechts lag das Recht zur Benennung des Pfarrers (Kollatur oder Präsentation) bei Adligen, vor allem aber bei kirchlichen Institutionen: Im Dekanat Kyllburg-Bitburg vergaben beispielsweise Mitte des 16. Jahrhunderts adlige Laien 25 Pfarreien, geistliche Institute 38; im Landkapitel Juvigny im französischen Westen adlige Laien 3, geistliche Institute 27; der Erzbischof in beiden Fällen keine! Dies war nicht zuletzt das Ergebnis vieler adliger Schenkungen bei Klostergründungen besonders im 12. Jahrhundert und vieler späterer sogenannter "Inkorporationen".

Der an einer Pfarrei interessierte Kleriker, der entweder eine der Stifts- oder Klosterschulen besucht oder als Gehilfe eines Pfarrers "angelernt" worden war, bewarb sich beim Patron. Mit dem von diesem ausgestellten Präsentationsinstrument bat er den Archidiakon um Konfirmation (Bestätigung). Dieser ließ ihn meist durch den Landdechanten durch Aufsetzung des Biretts und die Übergabe der Obhut über die Reliquien der Kirche investieren. Der neue Pfarrer informierte den bischöflichen Siegler, der von ihm seit 1397 die "primi fructus", d.h. die Einkünfte des ersten Jahres, einforderte.

Zur sakramentalen Rolle des Pfarrers, für deren Ableistung er durch konkrete Stol-/Einzel-Gebühren und durch vielfältige "Oblationen" in Naturalien ent-

Klausen, Pfarr- und Wallfahrtskirche: Glasfenster mit der Darstellung des vor einem Vesperbild knienden Eberhard, der um 1442 eine Kapelle mit anschließender Klause errichtete

Klausen, heutige Pfarr- und Wallfahrtskirche, 1449 durch den Trierer Erzbischof Jakob v. Sierck geweiht

lohnt wurde, die zu bestimmten Terminen vor den Altar gebracht wurden, kam zunehmend die religiöse Unterweisung hinzu, die aber wohl meist im Vorsagen der Hauptstücke des Glaubens und der Sittenlehre bestand, worauf 10-Gebote-Tafeln hinweisen, wie die für 1476 in Koblenz/Liebfrauen erwähnte.

Wie in vielen weltlichen Bereichen (Gerichtsschöffen, Zünfte, Gesellenbruderschaften) setzte sich auch in der Pfarrei zunehmend genossenschaftliches Denken durch. Schließlich verstanden sich die Pfarrangehörigen in vielen Fällen als eine nach dem Kirchenpatron benannte Bruderschaft. Sendschöffen, Repräsentanten des ganzen Pfarrbezirks, bildeten ein Kollegium von, je nach Größe des Pfarrbezirks, 7 - 24 Mitgliedern, das sich selbst ergänzte. Seine Aufgabe war die Vermögensverwaltung, d. h., es hörte vor dem Landdechanten, später vor dem weltlichen Amtmann, die Rechnungen des Mompers oder der meist zwei Kirchmeister als Verwalter der Kirchenfabrik ab; der Pfarrer war daran nicht beteiligt. Auf eigenen Versammlungen, von denen der Pfarrer ebenfalls ausgeschlossen war, übten sie die Aufsicht über religiöse Disziplin und Sitten, straften selbst oder brachten Verfehlungen vor dem Sendgericht des Archidiakons zur Anzeige.

Aufgrund der geradezu inflationären Stiftung von Altären kam es zu einer Mehrung des Klerus, die in wirtschaftlichen Krisen oft zu einem Klerikerproletariat führte (Welschbillig hatte im 16. Jahrhundert sechs Altäre, Wallerfangen sieben). Vor allem adlige Pfarrer ließen sich zudem in ihrem Pfarrort durch minderbesoldete "Leutepriester" (Plebane) vertreten. Ein verändertes Verständnis der Pfründe (ursprünglich Amtseinkommen) und die wirtschaftlichen Krisen der meist auf Naturalien gegründeten Einkommen führte, falls keine Seelsorge damit verbunden war, zur Häufung von Pfründen in einer Hand. Sogar der große Sohn des Bistums, Nikolaus von Cues, nützte diese Möglichkeiten voll aus.

Der Zehnt löste sich aus seinem kirchlichen Bezug; in vielen Fällen blieb dem Pfarrer ein Drittel. Lediglich in der Baupflicht blieben noch (heiß umstrittene) alte Bezüge: Der Zehntherr hatte den "Bauch" (das Kirchenschiff), der Pfarrer das Chor, die Gemeinde den Turm, die Sakristei, das Beinhaus und die Ringmauer zu bauen.

Wichtig war auch der Küster als Helfer des Pfarrers bei der Messe. Vor allem in alten Pfarreien war er (traditionell?) Kleriker und fungierte zugleich als Glöckner, später auch als Lehrer.

Neben die Kloster- und Stiftsschulen, die bereits in der 1. Hälfte des 13. Jahrhunderts eine Privilegierung erfuhren (so 1225 Altmünster durch Erzbischof Theoderich für den gesamten "burgus" Luxemburg), traten nämlich vor allem dort, wo es mehrere Kleriker gab, bald pfarrlich orientiere Lateinschulen, die - gemessen an den Immatrikulationen an Universitäten - im 15. Jahrhundert auch ländliche Gebiete erfaßten. Nach 1450 scheint es auch zur Errichtung erster "deutscher" Schulen gekommen zu sein.

Die Caritas

Zunächst in Städten, dann zunehmend auch in größeren Landorten wurden Spitäler gestiftet, die (vor allem nach deren Niedergang im 13./14. Jahrhundert) neben die klösterlichen Einrichtungen traten. In Einzelfällen - wie das schon Mitte des 13. Jahrhunderts existierende Jakobsspital in Trier oder das 1330 erwähnte in Oberlahnstein - gingen sie aus Herbergen für Pilger nach Santiago de Compostella hervor, wie sie überhaupt eigentlich für Fremde ("Elende") gedacht und damit, so Nachrichten aus dem Archidiakonat Karden, für jede Pfarrei verpflichtend waren. Von Bedeutung wurden die Spitäler von Oberwesel (1305), St. Goar (1344), Boppard (1349), Mayen (1350), vor allem aber das Cusanus-Hospital in Kues (1458). Neben sie traten schon früh die Leprosenspitäler (wie das von 1220 im Martinsgrund vor Luxemburg, 1283 Estrich zwischen Medard und Karthaus und St. Jost bei Biewer und die Siechenhäuser vor Koblenz, Wittlich, Neuerburg und Echternach), die wir schließlich als "Gutleuthäuser" vor jeder größeren Siedlung finden. Die meisten Einrichtungen waren multifunktional Siechen-, Armen-, Fremden-, Alten- und Waisenhaus. Die größeren wurden durch eigene Spitalmeister, die kleineren durch Brudermeister verwaltet, die von den Kirchmeistern der Pfarrei ernannt und kontrolliert wurden. Für viele Menschen, denen die Klöster versperrt blieben, galt der Spitaldienst als Klosterersatz.

Unzählige Stiftungen von Totengedenken setzten für die Armen Brotspenden am Jahrestag nach dem Gottesdienst aus; manchmal wurden sie zu einer Art Armentisch (Gelsdorf) oder in einer Armenstiftung zusammengefaßt, die im Auftrage der Sendschöffen durch (meist zwei) Brudermeister verwaltet wurde. Bereits jetzt entwickelte sich die Pfarrfabrik als Darlehenskasse für die Krisenfälle des Lebens.

Krise

Stärker als bisher wahrgenommen hatte sich also das kirchliche Schwergewicht zur Basis hin verlagert. Die bischöfliche Autorität konnte nur so lange gelten, wie ihre rechtliche Kompetenz unangefochten war und sie von den Landesherren gestützt wurde. Die letzten Versuche Erzbischof Richards von Greiffenclau (1511-1531), das sich anbahnende Unheil mit der Beschränkung der geistlichen Gerichtsbarkeit abzuwenden, trafen bereits 1524 jenseits des Rheins auf die Entschlossenheit von Landesherrn, die Kirchenzucht selbst in die Hand zu nehmen. Die sich anbahnende Glaubensspaltung brach aus der Erzdiözese den größten Teil des Taunus und des Westerwalds und eine Reihe Pfarrzentren des Mittelrheins und vorderen Hunsrücks, des Hochwaldes und des Raumes an Blies und Saar heraus.

Bernkastel-Kues: St. Nikolaushospital (Cusanusstift), 1447 von Kardinal Nikolaus v. Cues (1401-1464) gestiftet

Gottesdienst und Volksglauben im Spätmittelalter
- Prof. Dr. Andreas Heinz -

Für die Neuzeit und Gegenwart gilt: Es ist Sache des Papstes, die Liturgie zu regeln und die für den Gottesdienst maßgeblichen Bücher vorzuschreiben. Im Hoch- und Spätmittelalter war dagegen der Diözesanbischof die entscheidende Autorität für das gottesdienstliche Leben seines Bistums. Als beispielsweise Papst Urban IV. 1264 die Feier von Fronleichnam in der ganzen lateinischen Kirche anordnete, feierten nicht etwa im folgenden Jahr alle Kirchen des Erzbistums Trier das neue Fest. Es brauchte seine Zeit, bis zunächst einzelne Klöster den Anfang machten. Die allgemeine Einführung verfügte erst Erzbischof Balduin von Luxemburg durch seine 1338 erlassene Feiertagsordnung. Die erste Fronleichnamsprozession zog 1340 durch die Trierer Innenstadt.

Erzbischof Balduin feiert seine erste Messe im Trierer Dom
Miniatur aus dem Balduineum I, Bl. 2
Koblenz, Landeshauptarchiv

Erzbischof Balduin von Luxemburg formt die Trierer Bistumsliturgie

Fragen des Gottesdienstes ließen die Trierer Erzbischöfe vornehmlich auf den Diözesansynoden oder zusammen mit den Bischöfen der lothringischen Suffraganbistümer Metz, Toul und Verdun auf den Trierer Provinzialkonzilien beraten und beschließen. Besonders bedeutsam waren die Beschlüsse des Balduinischen Provinzialkonzils von 1310. Sie blieben bis in die Zeit des Tridentinums bestimmend.

Überhaupt hat Balduin von Luxemburg (1307-1354), der bedeutendste unter den Trierer Erzbischöfen des Spätmittelalters, durch seine liturgischen Reformen dem gottesdienstlichen Leben der Trierischen Kirche seine verbindliche und einheitliche Gestalt gegeben. Seit Balduin kann man deshalb von einer Trierer Diözesanliturgie sprechen. Ihre Ordnung ließ der Erzbischof in einem "Ordinarius perfectus" aufzeichnen. Dieser "Liber Ordinarius" aus dem Jahre 1345 regelt die Feier der Tageszeiten im Dom und in den Stiftskirchen der

Siegel des Trierer Erzbischof Balduin v. Luxemburg (1307-1354) (Abguß)

weiten Erzdiözese und damit auch das private Breviergebet des Diözesanklerus. Er beschreibt die Meßfeier und deutet ihre Riten, nennt die Feste und Heiligentage, wobei die trierischen Heiligen besonders beachtet werden; das Prozessionswesen wird geordnet und die wichtigsten Segnungen werden erwähnt. Balduins Gottesdienstordnung lag auch den späteren gedruckten trierischen Liturgiebüchern zugrunde. Die ersten erschienen bald nach der Erfindung des Buchdrucks: um 1480 das Trierer Brevier, gedruckt in Marienthal im Rheingau von den "Brüdern vom gemeinsamen Leben". Das Trierer Meßbuch wurde um 1490 erstmals in Köln und in Basel gedruckt, dann wieder 1498 in Köln und 1516 in Speyer. Ein Trierer Bistumsrituale mit den Formularen für die Feier der Sakramente, das Begräbnis, die Prozessionen und die Benediktionen erschien dagegen erst 1574/76 unter Erzbischof Jakob III. von Eltz.

Bis dahin bedienten sich die Pfarrer handgeschriebener Agenden, die, wie man sich leicht vorstellen kann, durch Unaufmerksamkeit oder eigenwillige Änderungen der Abschreiber oft fehlerhaft, unvollständig und uneinheitlich waren.

Im Zeichen des Pfarrbanns

Das gottesdienstliche Leben im Spätmittelalter steht unter dem Gesetz des Pfarrbanns: Jeder Getaufte ist liturgisch an seine "Mutterkirche" gebunden. Man durfte am Sonntag nicht irgendwo die Messe besuchen; man mußte sie zusammen mit den Mitchristen der gleichen Pfarrei in der zuständigen Pfarrkirche mitfeiern. Nur dort empfingen die Pfarrleute die Sakramente vom eigenen Pfarrer. Im alten Erzbistum Trier hat man am Pfarrzwang auch dann noch streng festgehalten, als in der ersten Hälfte des 13. Jahrhunderts die damals neu entstandenen Orden in Konkurrenz zur Pfarrseelsorge traten. Diese Rivalität war vor allem in den Städten spürbar. Um 1240 verfügten die Dominikaner und Franziskaner in Trier über eigene Kirchen; bald kamen Konvente der Karmeliter und Augustinereremiten hinzu.

Trier, Inneres der Dreifaltigkeitskirche (Jesuitenkirche, ehemals Franziskanerkirche), 1. Hälfte 13. Jahrhundert

Die Erzbischöfe schätzten die erneuernde Tätigkeit der Bettelmönche und wiesen den Pfarrklerus an, den Ordensgeistlichen das Predigen in den Pfarrkirchen nicht zu verwehren und den Pfarrleuten zu gestatten, bei ihnen zu beichten. Im übrigen aber hielt das Bistumsrecht am Pfarrbann fest, auch dann noch, als Papst Leo X. 1517 erklärte, die "Sonntagspflicht" könne auch in einer Kirche der Bettelorden erfüllt werden. Im Trierischen galt weiterhin, was das Provinzialkonzil von 1310 bestimmt hatte: Alle Pfarrangehörigen, auch die in den entferntesten Kapellendörfern, sind gehalten, an allen Sonn- und gebotenen Feiertagen die Messe in ihrer "Mutterkirche" zu hören. Es war eine seltene Ausnahme, wenn einem Filialort die Gunst einer Frühmesse gewährt wurde oder der Gang zur Pfarrmesse an jedem zweiten oder dritten Sonntag durch den Besuch eines Predigtgottesdienstes ersetzt werden durfte.

Klausen, Inneres der Pfarr- und Wallfahrtskirche

Die zum Meßbuch verpflichtenden Tage waren zahlreich. Das Festverzeichnis Balduins von Luxemburg (1338) nennt: Weihnachten und die drei folgenden Tage, Neujahr, Epiphanie, Ostern bis Ostermittwoch, Himmelfahrt, Pfingsten bis Pfingstdienstag, Fronleichnam, Kreuzauffindung, Mariä Reinigung, Verkündigung und Aufnahme, Michael, Johannes der Täufer, sämtliche Apostelfeste, Maria Magdalena, Laurentius, Allerheiligen, "den apostelgleichen Martin" und Katharina. Hinzu kamen das Kirchweih- und Patronatsfest jeder Pfarr- und Filialkirche. Diese Feste wurden im Pfarrgottesdienst angekündigt. Sie waren die Urlaubs- und Erholungstage der alten Zeit; an die Dienstherren erging deshalb immer wieder die Mahnung, ihre Knechte und Mägde an den heiligen Tagen nicht zur Arbeit zu zwingen.

Eine gewöhnliche Sonntagsmesse

Der sonn- und feiertäglichen Pfarrmesse wohnten die Gläubigen mehr oder weniger als stumme Zuschauer bei. Die lateinischen Antworten gab ein Lateinschüler oder Kleriker, den der Pfarrer im Pfarrhaus bei sich haben sollte. In ärmeren Landpfarreien ministrierte der Küster, der die notwendigsten Stücke des Kirchengesangs beherrschte. Der Pfarrer durfte aber nicht seinen eigenen Sohn als Ministranten oder Kirchensänger anstellen. Daß dies mehrfach verboten werden mußte, zeigt, daß es vorkam.

Die tätige Teilnahme der Gemeinde zeigte sich in Gebetshaltung und Gebärden. Die Leute bekreuzigten sich, wenn am Anfang der Sonntagsmesse Weihwasser gesprengt wurde (Asperges). Von dem geweihten Wasser nahm man auch gerne etwas mit nach Hause. Wurde das Evangelium gesungen, standen alle auf. Auch die Predigt hörten die meisten stehend an, denn Kirchenstühle hatten nur die reichsten Familien. Die Homilie in der Pfarrmesse glich eher einer Katechese als einer Predigt im heutigen Sinn. Das Trierer Provinzialkonzil von 1277 verbot den einfachen Pfarrern sogar, zu predigen, was erst recht den Laien untersagt wurde. Hinter diesen Vorsichtsmaßnahmen stand die Erfahrung, daß umherziehende Wanderprediger und Schwärmer "ketzerische" und irreführende Lehren verbreiteten. Deshalb sollte die Predigt gebildeten und dazu autorisierten Priestern und Ordensgeistlichen vorbehalten bleiben. Die Unterweisung der Pfarrer in der Sonntagsmesse sollte sich damit begnügen, die Artikel des Glaubensbekenntnisses, das Vaterunser und die Zehn Gebote zu erklären. Voraus ging eine kurze Kommentierung des Evangeliums des betreffenden Tages. Der Verkündigungsteil schloß mit der Ansage der in der kommenden Woche anfallenden Fast- und Feiertage. Es folgte das Allgemeine Gebet: der Pfarrer nannte eine Reihe von Anliegen und Personen, namentlich die zuletzt Verstorbenen. Dann betete die Gemeinde ein oder mehrere Vaterunser und Ave Maria. Vom Sanctus bis nach der Kommunion des Priesters knieten alle nieder, um so das eucharistische Sakrament zu verehren, vor allem, wenn es der Priester bei der Wandlung zeigend erhob. Dann sollten alle an die Erhöhung Christi am Kreuz denken und seine Passion betrachten.

Eucharistieverehrung

Das Anschauen des bei der Wandlung erhobenen "Fronleichnams" war im Erleben der Gläubigen jener Zeit der Höhepunkt der Messe schlechthin. Erst um 1200 war dieser Ritus in Paris aufgekommen. Dahinter standen dogmatische Auseinandersetzungen mit Theologen und häretischen Gruppen, die die reale Gegenwart Christi in der Eucharistie anzweifelten. Die Anbetung des erhobenen Leibes Christi war gleichsam die katholische Antwort auf den Unglauben der "Ketzer". Die Menschen des späten Mittelalters versprachen sich vom Aufblick zur Hostie die wunderbarsten Wirkungen. Im Trierer Land wurde es üblich, während der Messe beim Evangelium ein Zeichen mit der Glocke zu geben, um die in der Umgebung Wohnenden in die Kirche zu rufen, damit sie, bei der Wandlung anwesend, den Segen der "heilbringenden Schau" nicht versäumten. Bei der Erhebung (Elevation) wurden oft Bittgesänge gegen die Pest und in sonstigen Nöten angestimmt, weil man überzeugt war, dort würden sie am ehesten erhört. Verbote wehrten dem Mißbrauch, denn der Priester sollte beim stillen Beten des Kanons und die Gläubigen in ihrer Betrachtung nicht gestört werden.

Die Kommunionausteilung gehörte nicht zum Bild der Sonntagsmesse. Zwar verlangte die Trierer Provinzialsynode von 1310, die Gläubigen sollten an den drei höchsten Festen (Weihnachten, Ostern und Pfingsten) zum Kommunionempfang eingeladen werden. Tatsächlich gaben sich aber die meisten mit der Beichte und Kommunion an Ostern zufrieden. 1215 hatte das Vierte Lateranskonzil dieses Minimum für alle zum Vernunftgebrauch gelangten Gläubigen vorgeschrieben. Dagegen tauchen im 13. Jahrhundert neue Formen der eucharistischen Frömmigkeit auf. Vom Fronleichnamsfest, das 1246 in Lüttich erstmals gefeiert wurde, war schon die Rede. Um diese Zeit erfährt der bis dahin schlichte Versehgang eine auffällige Ausgestaltung: Der Priester, mit dem Chorrock, wenn möglich auch mit dem Chormantel

Polch, Turmmonstranz,
Ende 14./Anfang 15. Jahrhundert
Leihgabe im Bischöfl.
Dom- und Diözesanmuseum Trier

Trier, Bischöfl. Dom- und Diözesanmuseum: Pluviale (Chormantel), 2. Hälfte 15. Jahrhundert

bekleidet, trägt in einer Art Sakramentsprozession die Kommunion zum Haus des Sterbenden. Vor ihm geht der Küster mit einem Glöckchen und einer Lampe; eine Gruppe von betenden Begleitpersonen folgt. Wer zufällig vorbeikommt, kniet anbetend nieder. Erzbischof Balduin verlieh allen, die den Priester begleiteten oder unterwegs das Sakrament verehrten, einen Ablaß.

Mißbräuche und Aberglaube

Die ausgeprägte Ehrfurcht vor der Eucharistie führte aber auch zu merkwürdigen Mißbräuchen. Die Provinzialsynode von 1277 verbot, Kindern oder Kranken eine unkonsekrierte Hostie zu reichen. Durch diese fromme Täuschung wollte man eine mögliche Verunehrung des Sakraments ausschließen. Ein ähnliches Motiv dürfte im Spiel sein, wenn der zelebrierende Priester nicht selbst kommunizierte, sondern die Priesterhostie einem anderen gab, den er für würdiger hielt, oder wenn er die Messe ohne Kanon und Kommunion feierte ("missa sicca"). Manche Priester kamen dem Schauverlangen der Gläubigen allzu bereitwillig entgegen, indem sie die Zahl der Elevationen eigenmächtig vermehrten. Sie zeigten die Hostie nicht nur unmittelbar nach der Wandlung, sondern auch am Ende des Kanons und nach dem Agnus Dei, manche sogar schon vor der Wandlung, wodurch die Gläubigen verleitet wurden, Brot anzubeten.

Der Volksglaube knüpfte höchste Erwartungen an die Wirkkraft der Messe und des aufbewahrten Sakraments. Das führte dazu, daß zahlreiche Messen, vor allem für die Verstorbenen, erbeten wurden. Obwohl es verboten war, feierten manche Priester um des Geldes willen mehrere Messen am Tag. Manche gaben sich auch für abergläubische Praktiken her. Sie zelebrierten das Requiem für einen Lebenden, um ihn "totzubeten", oder sangen an der Tumba das "Libera", um einen verhaßten Menschen bald sterben zu lassen. Harmlosere Formen abergläubischer Meßfrömmigkeit gelangten selbst in die liturgischen Bücher. So verspricht das Trierer Meßbuch von 1516 allen, die die Votivmesse zu Ehren der "Fünf Wunden" an fünf aufeinanderfolgenden Tagen zelebrieren oder zelebrieren lassen, unfehlbare Genesung im Krankheitsfall und im Todesfall die ewige Seligkeit.

Würdige und sichere Aufbewahrung des Sakraments

Die Sorge vor möglicher Verunehrung ist der Grund, wenn immer wieder verlangt wird, die Hostien für die Krankenkommunion müßten sicher aufbewahrt und wenigstens alle zwei Wochen erneuert werden. Die Aufbewahrung geschah im Spätmittelalter gewöhnlich in einem Wandtabernakel. Solche befinden sich auf der linken Seite des Altarraums. In den meisten Dorfkirchen war es eine schlichte Wandnische; in wohlhabenderen Kirchen ist der hochgelegene und mit geschmiedetem Schloß gesicherte "Sakramentsschrank" kunstvoll geschmückt. Unter Verschluß mußten auch die heiligen Öle und das Taufwasser gehalten werden. Auch in ihnen war Gottes Kraft gleichsam gespeichert, so daß sie in Gefahr standen, zu magischen Zwecken entwendet zu werden. Vor dem aufbewahrten Sakrament sollte eine Ampel brennen. Das Öl für das "Ewige Licht" lieferten die Nußbäume, die zu diesem Zweck auf dem Friedhof oder im Pfarrgarten wuchsen.

Kyllburg, Ehemalige Stifts- und Pfarrkirche: gotisches Sakramentshaus (um 1500), daneben Epitaph mit Vesperbild (1630)

Die Erzbischöfe als weltliche Herren

- Christian Schieffer -

Als das 12. Jahrhundert anhob, waren die Erzbischöfe zu Trier in ihren Rechten weitgehend auf ihre geistlichen Funktionen beschränkt. Die weltlichen Geschicke des Erzstiftes dominierte Burggraf Ludwig von der Brücke. Diese Situation fußte in den verfassungsgeschichtlichen Verwerfungen, die der Investiturstreit und seine Beilegung im Wormser Konkordat (1122) für die Erzbischöfe heraufbeschworen hatte. Auch die Gefahren, die dem Erzstift aus den Ambitionen benachbarter oder in es hineinragender Herrschaften (Grafen von Luxemburg/Vögte) erwuchsen, erklären sich nicht zuletzt vor diesem Hintergrund. Als Bischof Albero von Montreuil (1131-52) 1132 letztlich doch die Anerkennung Kaiser Lothars III. zu seinem Pontifikat erlangte, war seine Bestellung unter Rückgriff auf die universalen Gewalten Papst und Kaiser gegen heftigen Widerstand der Ministerialen Triers (coniuratio 1131) durchgesetzt.

Diese Konstellation mußte die Aneignung weltlicher Rechte des Bischofs durch untergebene Instanzen perspektivlos erscheinen lassen. Zwar fühlte sich Albero gezwungen, nach Pfalzel auszuweichen; Ludwig von der Brücke konnte - die Hoheit des Bischofs anerkennend - seine bestimmende Stellung in der Stadt bis zu seinem Tode 1140 behaupten, doch blieb Ludwig in diesen Rechten ohne Nachfolger. 1138 betrieb Albero maßgeblich die Königswahl des Staufers Konrad III. Er brachte damit einerseits den Anspruch auf eine Vorrangstellung im Reich zum Ausdruck, andererseits verpflichtete er sich den neuen König für die internen Auseinandersetzungen um seine weltliche Stellung im Erzstift. Konrad III. übertrug denn auch 1139 die freie Reichsabtei St. Maximin dem Bischof. Die Folge waren verheerende Kämpfe mit den Vögten dieses größten konkurrierenden Güterkomplexes im Moselland, den Luxemburger Grafen. Als "Entscheidungskampf um die weltliche Herrschaft" wurden diese bis 1147 andauernden Auseinandersetzungen apostrophiert. Auch sie fanden ihr Ende in einem Kompromiß, der die weltliche Herrschaft des Erzbischofs nicht in Frage stellte, sondern vielmehr wiederherstellte. Der Vogt wurde zwar in seiner Stellung belassen, diese aber, indem er sie aus der Hand des Bischof als Lehen empfing, aller Perspektiven für weitergehende Ambitionen beraubt. Gleichwohl blieben die Verhältnisse an der Westgrenze des Trierer Erzstiftes bis zur Zeit Balduins weiter prekär.

Ihre reichspolitische Stellung begründete sich für die Bischöfe Triers wesentlich durch den Anspruch, ältestes Bistum des Reiches nördlich der Alpen zu

Triert, Porta Nigra: Blick auf den Ostchor der ehemaligen Simeonskirche, Mitte 12. Jahrhundert

sein. Die reichspolitische Stellung wiederum war grundlegend für die weltliche Stellung der Bischöfe im Erzstift selbst. Albero suchte die Anerkennung der Ansprüche, die er bereits 1138 reichspolitisch realisiert hatte, durch seine Erhebung zum päpstlichen Legaten für die Kirchenprovinzen Köln, Mainz, Magdeburg, Salzburg und Bremen (1137) strukturell abzusichern. Im Besuch Papst Eugens III. in Trier 1147 leuchtet der Anspruch der "Roma secunda" noch einmal hell auf. Den ideellen Vorsprung konnten Alberos Nachfolger jedoch - unter dem Einfluß Kölner und Mainzer Ansprüche - nicht mehr verwirklichen.

Die Anlehnung an die neue Dynastie der Staufer, die auch die Bischöfe Hillin (1152-69), Arnold I. (1169-83), Rudolf (1183-89), Johann I. (1190-1212) und Theoderich (1212-42) beibehielten, konnte zwar den Bedeutungsverlust gegenüber den rheinischen Bistümern nicht aufhalten und ging darüber hinaus mit einer Zerrüttung der Beziehungen zur römischen Kurie einher, brachte den Erzbischöfen aber auch eine weitere Festigung ihrer landesherrlichen Stellung. 1158 ging das Bergregal an die Bischöfe über und 1197 verzichtete der Obervogt des Erzstiftes, Pfalzgraf Heinrich bei Rhein, zugunsten der Bischöfe auf sein Amt. Der potenteste Gegenspieler um die weltliche Macht an der Mosel, der mit herrschaftlicher Kompetenz auftrat, war damit neutralisiert. Den partikularen Gewalten gebrach es im weiteren Verlauf der Ereignisse an diesem bedeutsamen Rückhalt.

Den Bischöfen blieben als Aufgaben die Sicherung, die Organisation, die strukturelle Verfestigung und der Ausbau ihrer im Inneren zunächst nicht mehr bedrohten Landesherrschaft. In zunehmendem Maße wurde diese zum Fundament für die Stellung der Trierer Erzbischöfe in der Reichspolitik.

Für die verfassungsrechtliche Ausgestaltung sollte dabei der enorme Finanzbedarf bestimmend werden, der die "Kommerzialisierung" der Politik mit sich brachte. In die Zeit Bischof Johanns I. (1190-1212) geht die erste überlieferte Aufzeichnung der weltlichen Rechte der Bischöfe (Liber annalium iurium archiepiscopi et ecclesiae treverensis, ca. 1212) zurück. Im ersten sogenannten "Stadtrecht" (1190) wurden die Rechtsverhältnisse in der Trierer Talweite fixiert.

Siegel des Trierer Erzbischofs Hillin (1152-1169) (Abguß)

Den militärischen Erfordernissen wurde mit Burgenbau beziehungsweise -erwerb zum Schutze der Besitzungen im Westerwald (Montabaur 1227), des Bannforstes in der Eifel (Kyllburg 1239), an Mittelrhein und Mosel, mit der Ummauerung der Städte Trier und Koblenz sowie mit der kostenintensiven Werbung neuer Lehnsleute Rechnung getragen. In eine erneute Krise geriet der weltliche Anspruch der Bischöfe mit dem Pontifikat Dieters von Nassau (1300-07), der andere Vorschläge aus Trier übergehend von Papst Bonifaz VIII. als Gegengewicht zu König Albrecht I. eingesetzt worden war. Wie schon 1183-89, als der Gegensatz zwischen Papst- und Kaisertum im "Trierer Bistumsstreit" um die Nachfolge Bischof Arnolds I. zum Austrag gekommen war, gewannen die zentrifugalen Kräfte im Erzstift an Bedeutung (Erhebung der Trierer und Koblenzer Bürgerschaft 1302). Graf Heinrich von Luxemburg, der Bruder des Dieter nachfolgenden Erzbischofs Balduin (1307-54) und spätere Kaiser, gewann das Bürgerrecht in Trier und durch einen Schirmvertrag mit der Stadt eine maßgebliche Machtposition im Erzstift zurück.

Doch sollten die damit verbundenen Perspektiven hinfällig werden, als der das Erzstift systematisch organisierende, strukturierende und ausbauende Balduin den Trierer Bischofsstuhl bestieg. Der Gegensatz zum Hause Luxemburg hob sich in der familiären Bindung auf, die auch entscheidend dazu beitrug, daß

*Erzbischof Balduin im Kreise der sieben Kurfürsten bei der Wahl seines Bruders Heinrich zum deutschen König
Balduineum I, Koblenz, Landeshauptarchiv*

der Trierer Erzbischof wieder eine beherrschende Stellung in den Reichsgeschicken einnahm. Balduin hatte erheblichen Anteil an den Königserhebungen seines Bruders Heinrichs VII. 1308, Ludwigs des

Bayern 1314 und seines Großneffen Karl IV. 1346. Sein Neffe Johann verdankte die Böhmische Krone nicht zuletzt ihm. Unter seinem bestimmenden Einfluß stand 1338 der Rhenser Kurverein.

Für die Unabhängigkeit der weltlichen Stellung des Bischofs von Verpflichtungen gegenüber der Bürgerschaft dürfte die Organisation des Finanzwesens mit Hilfe der Juden belangvoll gewesen sein. Sie erlaubte es Balduin, schon 1312 als Gläubiger Kaiser Heinrichs VII. Boppard und Oberwesel samt Rheinzoll - zunächst als Pfand - zu erwerben und so auch die Stellung am Mittelrhein zu festigen. Dagegen scheiterte Balduin 1350/51 in seinem Versuch, die großen territorialen Widersacher, die Grafen von Westerburg und jene von Sponheim-Starkenburg, nachdem er sie in Fehden nicht hatte bezwingen können, durch Oberamtmannstellen einzubinden. Auch die Infragestellung weltlicher Rechte der Bischöfe durch Ambitionen der Trierer Bürger und des im Domkapitel repräsentierten Adels konnten noch nicht dauerhaft überwunden werden und blieben im 15. Jahrhundert bestimmende Konfliktherde.

Den Nachfolgern Balduins, Boemund II. (1354-62) und Kuno von Falkenstein (1362-88), gelang es zunächst noch in Konkurrenz zu den Grafen von Sponheim-Starkenburg, die Stellung des Erzstifts an der Mittelmosel zu konsolidieren; doch waren auch sie schon - der Bestätigung der Stadtherrschaft in Trier durch Kaiser Karl IV. 1364 zum Trotz - gegenüber den Emanzipationsbestrebungen der Trierer Bürgerschaft und den Ansprüchen des landständischen Adels auf eine reaktive Politik festgelegt. Diese ging mit erheblichen Einschnitten in die landesherrlichen Rechte einher (z. B. 1377 Befreiung der Trierer Bürger vom Mosel- und Saarzoll; Einschränkung der Gerichtsrechte in der Stadt; Eingriffe ins Münzregal).

Trier, Chorstuhlwangen aus der ehemaligen Karthause St. Alban mit den Darstellungen des Erzbischofs Balduins und seines Bruders Kaiser Heinrich VII. Das Eichenholz ist dendrochronologisch zwischen 1323 und 1335 datiert.

Bedeutsamer für die weitere Entwicklung des Erzstiftes sollte seine organisatorische Leistung werden, die in wesentlichen Aspekten bis zur Zerschlagung des Kurfürstentums Trier durch französische Revolutionstruppen 1794 Bestand hatte. So wurde zwischen 1320 und 1340 eine Ämterverfassung geschaffen, das Erzstift in ein Oberstift mit dem Hauptort Trier und ein Niederstift mit dem Hauptort Koblenz eingeteilt. In den Balduineen, die um 1330 entstanden, wurden alle für die Bischöfe wichtigen Urkunden gesammelt. Die volle Gerichtshoheit brachte 1314 beziehungsweise 1356 die Verleihung der Privilegia "de non evocando" beziehungsweise "de non appellando" mit sich.

Mit Werner III. von Falkenstein (1388-1418) setzte dann ein Niedergang ein, der, in der "Manderscheider Fehde" (1430-37) gipfelnd, das Erzstift wirtschaftlich und finanziell auslaugte und der landesherrlichen Autorität der Bischöfe schwersten Schaden zufügte. Landständischer Adel und Bürgerschaft erwiesen sich jedoch als Größen ohne integrative Gestaltungskraft, so daß es den Bischöfen Jakob I. von Sierck (1439-56) und Johann II. von Baden (1456-1503) gelang, die erzbischöfliche Autorität sowohl im Erzstift als auch in der Reichspolitik wiederherzustellen. Jakobs landesherrliche Ambitionen traten deutlich in seinem Wirken für die Gründung einer Universität zu Tage (1454 Privileg Papst Nikolaus' V.).

Den Zerfall der Zentralgewalt im Reich spiegelte seine Politik in vielfältiger Weise. Seit 1441 als Reichskanzler Kaiser Friedrichs III. war Jakob an Bemühungen zur Reform des Reiches beteiligt. 1445 trat er zu Gegenpapst Felix V. über und wurde daraufhin von Papst Eugen IV. gebannt. Mit dieser Parteinahme im Papstschisma brach Jakob die 1439 erklärte Neutralität und vereitelte eine schnellere Aussöhnung. Erst 1447 söhnte sich der Trierer Bischof mit Eugens Nachfolger Nikolaus V. aus.

Auch Johann II. von Baden, der letzte Vertreter auf dem Trierer Stuhl im zur Neige gehenden Mittelalter, trat in bedeutungsvollen Zusammenhängen ins Rampenlicht: 1473 als Gastgeber Kaiser Friedrichs III. und Karls des Kühnen, 1475 als Leiter der kaiserlichen Gesandtschaft nach Brügge, welche die Hochzeit Maximilians mit Maria von Burgund zeitigte. Auch mit der Universitätsgründung 1473 und den zum Teil gewaltsam fortgeführten Reformen erwies er sich als tatkräftiger Landes- und Kirchenherr. Doch das Verhältnis zu Adel und Trierer Bürgerschaft blieb im Mittelalter letztlich ungeklärt, die Erzbischöfe als weltliche Herren in ihrer Stellung bedroht.

Goldgulden der trierischen Erzbischöfe Kuno v. Falkenstein (1362-1388), Werner v. Falkenstein (1388-1418), Rhaban v. Helmstätt (1430-1439), Jakob v. Sierck (1439-1456) und Johann II. v. Baden (1456-1503); sie wurden in den trierischen Münzstätten Trier, Oberwesel und Koblenz geprägt.
Trier, Bischöfl. Dom- und Diözesanmuseum

Balduin:
Bischof und Landesherr
- Ernst Mettlach -

Balduin von Luxemburg wurde 1285 als jüngster Sohn des 1288 in der Schlacht von Worringen gefallenen Grafen Heinrich von Luxemburg geboren. Schon früh wurde er von seiner Familie für den geistlichen Stand bestimmt und zum Studium an die Pariser Universität geschickt, wo er bis 1307 blieb. Mit Hilfe seiner einflußreichen Familie wurde er Mitglied des Trierer Domkapitels, wo er rasch aufstieg und Dompropst wurde.

Als 1307 der Erzbischof Dieter von Nassau starb, entschied sich das Domkapitel für Balduin von Luxemburg als Nachfolger. Allerdings war Balduin zu diesem Zeitpunkt erst 22 Jahre alt, erfüllte also nicht das erforderliche Mindestalter um Bischof zu werden. Es blieb nur der Weg der Ernennung durch den Papst. Als der Papst die ihm vom Trierer Domkapitel angetragene Postulation angenommen hatte, begab sich Balduin zu Papst Klemens V. nach Poitiers, wo er am 10. März

Balduin begleitet seinen Bruder Heinrich VII. auf seinem Italienzug. Balduineum I, Bl. 7 Koblenz, Landeshauptarchiv

Balduin wird im Jahre 1308 von Papst Clemens V. in Poitiers zum Bischof geweiht. Balduineum I, Bl. 1 Koblenz, Landeshauptarchiv

1308 die Priesterweihe und am Tag darauf die Bischofsweihe erhielt. Zu Pfingsten zog er in Trier ein und wurde dort im Dom in sein Amt als Erzbischof eingeführt.

Gleich zu Beginn seiner Amtszeit als Erzbischof und Kurfürst von Trier erreichte er, daß am 27. November 1308 sein Bruder Heinrich zum deutschen König gewählt wurde. Mit diesem unternahm er dann den Zug nach Italien, wo Heinrich VII. 1312 zum Kaiser gekrönt wurde, aber schon ein Jahr später starb. Bei der Bestimmung des Nachfolgers kam es zur Doppelwahl zwischen Herzog Ludwig von Bayern, den Balduin favorisierte, und Friedrich dem Schönen. Dies führte zum Bürgerkrieg, der sich bis 1322 hinzog und mit der Niederlage Friedrichs endete. Als der von Balduin mitgewählte Kaiser Ludwig 1342 eine Ehe eigenmächtig für ungültig erklärte, wandten sich die Kurfürsten von diesem ab und wählten den Großneffen Balduins als Karl VI. zum deutschen König.

Die guten Beziehungen zu den Herrschern des Reiches nutzte Balduin, um Vorteile zu erhalten, die der Konsolidierung seines Territoriums dienten. Über all diesen Aktivitäten als Territorialherr vergaß er jedoch nicht seine Pflichten als geistliches Oberhaupt, er galt als guter Priester und förderte vor allem die Karthäuser, denen er zwei Klöster, eins in Koblenz, eines in Trier gründete. Die Vorliebe für diesen strengen Orden verdeutlicht die Fülle seines Charakters; auf der einen Seite machtbewußter Staatsmann, auf der anderen Seite pflichtbewußter Oberhirte.

Als Balduin von Luxemburg am 21. Januar 1354 verschied, starb mit ihm vielleicht der Idealtyp des mittelalterlichen geistlichen Landesherrn.

Trier, Dom: Grabtumba des Erzbischofs Balduin im Westchor

Jakob von Sierck

- Ernst Mettlach -

Jakob von Sierck aus dem nach dem Ort Sierck an der Obermosel benannten Rittergeschlecht wurde am 30. August 1439 auf Burg Meinsberg als Nachfolger des glücklosen Erzbischofs Raban von Helmstätt geweiht. Bereits 1430 war er schon einmal von der Mehrzahl des Trierer Domkapitels gewählt worden, aber zugunsten des päpstlichen Kandidaten Raban hatte er verzichtet. Die Konsekration war Gipfelpunkt einer Laufbahn, die er sowohl seinen bemerkenswerten Eigenschaften wie Fleiß, Verhandlungsgeschick und Intelligenz, als auch seinen ausgeprägten, schon früh gepflegten und ausgebauten Beziehungen verdankte. Die von ihm praktizierte Vetternwirtschaft war ebenso wie seine hohe, dem Klerus auferlegten Abgaben, schaffte er es in seiner Amtszeit, die Finanzen im Großen und Ganzen zu konsolidieren, auch wenn der von seinen Vorgängern angehäufte Schuldenberg nicht mehr abgebaut werden konnte.

Auch als geistiges Oberhaupt blieb Jakob von Sierck nicht untätig. 1441 erließ er für die Trierer Kollegiatstifte St. Simeon und St. Paulin Reformstatuten, 1451 für das Trierer Domkapitel und das Koblenzer Kollegiatstift St. Kastor. Darüber hinaus ließ er sich 1450 vom Papst Vollmachten zur Reform der Franziskanerklöster geben. Um die Einrichtung einer Universität bemühte er sich ebenfalls, auch wenn diese erst unter seinem Nachfolger gegründet

Trier, Grabmal des Erzbischofs Jakob v. Sierck (+ 1456), das ehemals im Chor der Liebfrauenkirche aufgestellt und 1462 von dem Bildhauer Nikolaus Gerhart von Leyden gearbeitet worden war. Trier, Bischöfl. Dom- und Diözesanmuseum

zügellose Raffgier oftmals Stein des Anstoßes. Sofort nach seinem Amtsantritt widmete sich Sierck mit rastloser Energie sowohl der Bewältigung der großen Probleme in seinem Erzstift, als auch der Lösung der durch das Schisma 1439 entstandenen Probleme in der Reichspolitik. Die Probleme in seinem Erzstift waren unüberschaubar. Durch die unglückliche Wahl 1430 und die darauffolgenden langwierigen kriegerischen Auseinandersetzungen der Manderscheider Fehde (1432-36) war die finanzielle Situation mehr als desolat, man stand kurz vor dem Ruin. Durch mehrfache Zollerhöhungen und

wurde. Weniger glücklich verlief sein Engagement in der Papstfrage, wo er mit einer lavierenden Politik gegenüber Friedrich III. und Karl VII. zwischen die Fronten geriet. 1446 wurde er wegen seiner Anerkennung des Gegenpapstes Felix V. von Papst Eugen IV. abgesetzt, was praktisch jedoch keine Auswirkungen hatte. Nach langen Verhandlungen mit Eugen und dessen Nachfolger Nikolaus V. wurde er 1447 wieder eingesetzt. Jakob von Sierck starb am 28. Mai 1456 nach langem Leiden und wurde seinem Willen gemäß in der Liebfrauenkirche beigesetzt.

Nikolaus von Kues

- Prof. Dr. Klaus Kremer -

Nikolaus von Kues ist insbesondere aufgrund gründlicher fachwissenschaftlicher Studien in unserem Jahrhundert als einer der größten Deutschen des 15. Jahrhunderts bestätigt worden. Genialität und Universalität zeichnen sein Denken aus. Mit seinen kühnen Ideen bereichert er die Philosophie, die Theologie, die Mathematik, die Astronomie und die Naturwissenschaft. Er ist ausgebildeter Kanonist, gehört zu den ersten Rechtshistorikern, und auf ihn geht eine der ersten geographischen Karten Mitteleuropas zurück. Zutiefst ist er vom ökumenischen Gedanken, nämlich der Wiedervereinigung mit den Böhmen und besonders mit den orthodoxen Christen, ja von der Einheit, nicht Uniformität, aller Religionen bei Wahrung ihrer Vielfalt im Ritus beseelt. Neben dem monumentalen schriftstellerischen Werk, das er uns hinterlassen hat, tritt er uns als Bischof und Landesfürst, als Kirchenreformer und Kirchenpolitiker entgegen.

Geboren 1401 als Sohn des wohlhabenden Schiffers Johann Krebs (Cancer/Cryfftz/Krieffts/Kreves) und der Mutter Katharina Römer in Kues, liegt das erste historisch bezeugte Datum über ihn in seiner Immatrikulation um Ostern 1416 in der Heidelberger Universität vor. Nach sechsjährigem Aufenthalt in Padua schließt er dort 1423 sein Studium mit dem Doktortitel des kanonischen Rechtes ab.

Nach diversen Tätigkeiten im Dienst des Trierer Erzbischofs Otto von Ziegenhain, als Student der Theologie an der Kölner Universität, zugleich wohl auch als Lehrer der Kanonistik, tritt er Anfang 1432 durch seine Teilnahme am Basler Konzil ins volle Rampenlicht der Weltöffentlichkeit, nachdem sein Name schon vorher aufgrund glücklicher Funde verschollener Handschriften (z. B. Entdeckung von 12 Plautus-Komödien) das Interesse der Humanisten auf ihn gelenkt hatte. In Basel streitet er zunächst auf der Seite der Konziliaristen, wechselt dann 1436/37, nach reiflicher Überlegung und wohl auch nicht ganz ohne ein gewisses Karrieredenken, zur päpstlichen Minderheitspartei über. Er wird Mitglied der dreiköpfigen Delegation, die den griechischen Kaiser und führende Vertreter der griechisch-orthodoxen Kirche von Konstantinopel zum Unionskonzil nach Ferrara-

Florenz führt. Auf der Schiffsrückfahrt von Konstantinopel Anfang 1438 überfielen ihn buchstäblich angesichts der Weite des Meeres zwei grundlegende, sein ganzes Denken fortan bestimmende Einsichten, die von der "belehrten Unwissenheit" und dem "Ineinsfall der Gegensätze in Gott", eigentlich diesseits von Gott. Denn Gott ist über jeden Gegensatz erhaben. Nikolaus von Kues hat letztere Einsicht mit einem von einer Mauer umgebenen Paradies verglichen: Die Mauer versinnbildlicht den Ineinsfall der Gegensätze. Bis dorthin kann unsere Vernunft vordringen. Innerhalb der Mauer wohnt der trotz seiner Dreieinigkeit absolut gegensatzlose und daher für uns unzugängliche Gott.

Von 1438 bis 1447 kämpft Cusanus in päpstlicher Mission auf den deutschen Reichstagen, um die Neutralität der deutschen Fürsten zugunsten ihrer Anerkennung von Eugen IV. als rechtmäßigem Papst aufzubrechen. Als päpstlicher Gesandter Erster Klasse durchreist er von Januar 1451 bis Ende März 1452 die deutschen Lande, um auch hier die Gnade des Jubiläumsablasses zu verkünden, bevor er Anfang April 1452 als Bischof und Landesfürst Besitz des ihm vom Papst anvertrauten Bistums Brixen in Südtirol ergreift. Am 26. April 1450 hatte Nikolaus V. ihm die Bischofsweihe erteilt, nachdem er ihn in Anerkennung seines verdienstvollen Wirkens auf den deutschen Reichstagen am 20. Dezember 1448 zum Kardinal ernannt und ihm am 11. Januar 1450 den roten Hut aufgesetzt hatte. Widerstand gegen seine kirchlichen Reformpläne und vor allem die Auseinandersetzung mit Herzog Sigismund von Österreich, der als Graf von Tirol zugleich Vogt des Hochstiftes Brixen war, zwingen ihn, am 27. April 1460 für immer sein Bistum zu verlassen. Er begibt sich zu seinem päpstlichen Freund Pius II. nach Rom und verfaßt hier u. a. sein als Vermächtnis angesehenes Werk "Von der Jagd nach der Weisheit".

Auf der Reise nach Ancona, von wo aus die päpstliche Flotte zum Kreuzzug auslaufen sollte, ist er am 11. August 1464 in Todi gestorben. Sein Leib wurde in seiner römischen Titelkirche S. Pietro in vincoli beigesetzt, sein Herz, seinem Wunsch entsprechend, in die Kirche des von ihm für 33 Arme errichteten Hospitals in Kues überführt. In diesem Hospital wurde auch bald nach seinem Tode seine kostbare Bibliothek aufgestellt, ein abendländischer Reichtum allererster Güte, der bis heute die Gelehrten aus aller Welt anlockt.

Bernkastel-Kues, Cusanusstift - Ausschnitt aus dem Flügelaltar in der Hospitalskapelle mit dem Porträt des Stifters Kardinal Nikolaus v. Cues

Tabellarischer Geschichtsüberblick zum...

Bischofsliste	Trier Kirchen- und Bistumsgeschichte	Profangeschichte
Bruno v. Bretten und Lauffen (1102-1124)	1101: Kaiser Heinrich IV. ernennt auf Bitten der Trierer Bruno zum Erzbischof; 1102 Bischofsweihe und Ausübung bischöflicher Funktionen ohne päpstliche Bestätigung. - 1105 : Romreise Brunos und Aussöhnung mit Papst Paschalis II. -(1099-1118); zwischen 1102 und 1124: Befestigung der Südseite der mittelalterlichen Stadt Trier durch einen Mauerbau. 1107: Bruno Leiter der königlichen Gesandtschaft auf der Synode in Troyes; Gründung des Kanonikerstiftes Springiersbach. - 1109 Romreise und Verhandlung mit dem Papst über Fragen der Investitur. 1110: Weihe des Wormser Domes durch Bruno in Gegenwart des Königs Heinrich V.	1106-1125 Heinrich V., deutscher König; Kaiserkrönung 1111 1112 Eintritt des hl. Bernhard in das Kloster Cîteaux
Gottfried v. Falmagne (1124-1127) Meginher v. Falmagne (1127-1130)	1121: Abschluß des Westchores im Trierer Dom und Weihe des Nikolausaltares 1127: Abdankung des Trierer Erzbischofs Gottfried wegen des Vorwurfs der Simonie; Auffindung der Gebeine des Apostels Matthias in der Abteikirche St. Eucharius. 1128: Romreise Meginhers, der von Papst Honorius II. die Bestätigung als Metropolit über die Bistümer Metz, Toul und Verdun erhält. - 1129: Gefangennahme Meginhers auf seiner 2. Romreise durch den Gegenkönig Konrad III. von Hohenstaufen; 1130 Tod des Erzbischofs im Gefängnis zu Parma.	1122 Wormser Konkordat : Kaiser Heinrich V. und Papst Kalixt II. einigen sich über die Wahl der Bischöfe; Beendigung des sogen. Investiturstreites 1125-1137 Lothar III., deutscher König; Kaiserkrönung 1133
Albero v. Montreuil (1131-1152)	1131: Nach der Wahl Alberos Bischofsweihe durch Papst Innozenz II. in Vienne 1134: Albero bittet Bernhard v. Clairvaux um eine Klostergründung. - 1135 wird Himmerod als Klosterstandort von Albero und Bernhard ausgewählt; ab 1138 Bau des Klosters und der Kirche 1135: Gründung des Prämonstratenserklosters Wadgassen. 1136-37: Italienzug mit Lothar III.; Bestellung zum Legaten für ganz Deutschland durch Innozenz II. 1139: Übertragung der Abtei St. Maximin an den Trierer Erzbischof, 1140 durch den Papst bestätigt. 1143: weiterer Ausbau der mittelalterlichen Stadtbefestigung Triers 1147/48: Papst Eugen III. in Begleitung von Bernhard von Clairvaux in Trier; 1148: Weihe der Abteikirche St. Eucharius/St. Matthias und der Stiftskirche von St. Paulin	1138-1152 Konrad III., deutscher König 1147-1149 Zweiter Kreuzzug
Hillin v. Falmagne (1152-1169)	1152: Hillin nimmt an der Königswahl und -krönung Friedrich I. Barbarossa teil, zieht mit ihm nach Rom, wird dort zum Bischof geweiht und erhält vom Papst das Pallium; Friedrich I. Barbarossa in Trier 1154-55: erneute Romfahrt im Gefolge des Königs; Ernennung Hillins zum päpstlichen Legaten 1156: Hillin salbt in Worms Beatrix v. Burgund, Gemahlin Barbarossas, zur Königin; Weihe der Abteikirche Maria Laach.	1152-1190 Friedrich I. Barbarossa, deutscher König; Kaiserkrönung 1155
Arnold I. (1169-1183)	1160: Baubeginn mit dem neuen Ostchor des Trierer Domes 1178: Weihe der Abteikirche Himmerod 1179: Teilnahme des Trierer Erzbischofs am 3. Laterankonzil; die ehemalige römische Palastaula ("Basilika") wird erzbischöfliche Residenz 1183: Doppelwahl in Trier zwischen Rudolf v. Wied und Folmar v. Blieskastel	1169-1197 Heinrich IV., deutscher König; Kaiserkrönung 1191 1170 Ermordung des Thomas Becket, Erzbischof von Canterbury 1179 Drittes Laterankonzil
Sedisvakanz (1183-1189) Johann I. (1189-1212)	1189: Absetzung Folmars durch Papst Clemens III. und Verzicht Rudolfs, dadurch Neuwahl des kaiserlichen Kanzlers Johann zum Erzbischof von Trier 1196, 1. Mai: Weihe des Hochaltares im neuen Ostchor des Trierer Domes; dabei werden der hl. Rock und andere Reliquien in die Reliquienkammer dieses Altares übertragen.	1187 Einnahme Jerusalems durch Sultan Saladin 1189-1192 Dritter Kreuzzug; Tod Kaiser Friedrich I. Barbarossa
Theoderich II. v. Wied (1212-1242)	1197/98: der Pfalzgraf bei Rhein verzichtet zugunsten des Erzbischofs auf die Schutzherrschaft über Trier 1215: Teilnahme des Erzbischofs Theoderich am 4. Laterankonzil 1216: Gründung der Koblenzer Deutschordenskommende als erste Niederlassung des Ordens im Rheinland 1220: Kaiser Friedrich II. verzichtet auf die Ausübung königlicher Hoheitsrechte; Ausbau der Burg Montabaur 1222: Weihe der Kirche des Zisterzienserinnenklosters St. Thomas ab 1223: Bettelorden (Franziskaner und Dominikaner) in Trier und Koblenz; wenig später sind auch die Beginen und Ritterorden bezeugt. Um 1235: Baubeginn der Trierer Liebfrauenkirche 1242: Doppelwahl in Trier zwischen Arnold II. v. Isenburg und Rudolf de Ponte, der später verzichtet; 1245: Bischofsweihe von Arnold II.	1198-1216 Papst Innozenz III. 1202-1204 Vierter Kreuzzug: 1204 Eroberung und Plünderung Konstantinopels durch die Kreuzfahrer 1209-1229 Albigenserkriege in Südfrankreich 1209-1250 Friedrich II. 1212 Kinderkreuzzug 1215 Viertes Laterankonzil; Magna Charta Libertatum: Erweiterung der Vasallenrechte gegenüber der englischen Krone 1220 Confoederatio cum principibus ecclesiasticis: Überlassung wichtiger Regalien (Markt-, Münz- und Zollrecht, weltliche Gerichtsbarkeit) an die geistlichen Fürsten 1231 Statutum in favorem principum: Zugeständnis territorialer Herrschaftsrechte an die weltlichen Fürsten
Arnold II. v. Isenburg (1242-1259)	1248: Steuererhebung zum Ausbau der Trierer Stadtbefestigung; Befestigung von Koblenz und Bau zahlreicher Burgen	
Heinrich II. v. Finstingen (1260-1286)	1259/60: nach schismatischer Bischofswahl von Arnold v. Schleiden und Heinrich v. Bollanden ernennt Papst Alexander IV. den Metzer Domdechanten Heinrich II. v. Finstingen zum Erzbischof von Trier. 1276: Gründung des Kollegiatstiftes Kyllburg Ab 1277: Ausbau der kurfürstlichen Burg in Koblenz	1273-1291 Rudolf von Habsburg, deutscher König. Erstmals traten die "sieben" Kurfürsten zur Königswahl zusammen

...m Trier während des Hohen Mittelalters

Bischofsliste	Trier Kirchen- und Bistumsgeschichte	Profangeschichte
Sedisvakanz (1286-1289) **Boemund I. v. Warsberg** (1289-1299) **Diether v. Nassau** (1300-1307)	1286: Doppelwahl in Trier, wobei zunächst keiner der Kandidaten die päpstliche Bestätigung erhält; erst 1289 wird Boemund I. v. Warsberg von Papst Nikolaus IV. zum Erzbischof von Trier ernannt. 1291: Bernkastel, Mayen, Montabaur, Saarburg, Welschbillig und Wittlich erhalten von Rudolf v. Habsburg Stadtrechte 1300: Diether v. Nassau, Bruder des 1298 im Kampf gefallenen Königs Adolf v. Nassau, von Papst Bonifaz VIII. zum Erzbischof von Trier ernannt; wenig später Bürgerunruhen in Trier, die 1303 mit einem Vertrag zwischen Erzbischof und Stadt (Einrichtung eines Stadtrates) beendet werden.	1292 Adolf v. Nassau deutscher König bis zu seiner Absetzung im Jahr 1298 1294-1303 Papst Bonifaz VIII. 1298-1308 Albrecht I. von Habsburg deutscher König
Balduin v. Luxemburg (1307-1354)	1307: das Trierer Domkapitel wählt Balduin v. Luxemburg; 1308 Bischofsweihe durch Papst Klemens V. 1308: Heinrich v. Luxemburg wird auf Betreiben seines Bruders Balduin in Frankfurt zum deutschen König gewählt. - 1309: König Heinrich VII. in Trier. 1310: Balduin begleitet seinen Bruder auf der Romfahrt; 1312 Teilnahme an der Kaiserkrönung; Heinrich VII. verpfändet dem Trierer Erzbischof die Reichsstädte Boppard und Oberwesel. 1313: Tod Heinrichs VII. und Begräbnis in Pisa; Rückkehr Balduins nach Trier: - 1328: Balduin ist mehrere Wochen Gefangener der Gräfin Loretta v. Sponheim. 1328-1337: Balduin verwaltet zeitweilig das Erzbistum Mainz sowie die Bistümer Speyer und Worms 1330: Balduin gründet in Trier das Karthäuserkloster St. Alban. - 1331: Gründung der Koblenzer Karthause auf dem Beatusberg. - 1331-1336: Eltzer Fehde. - 1332-38: Baubeginn der Balduinsbrücke in Koblenz 1346: in Rhens Wahl Karls IV., Großneffe Balduins, zum deutschen König 1356: Kaiser Karl IV. mit seinem Bruder Wenzel in Trier 1360: Weihe des Chorneubaues von St. Wendel	1338 auf Betreiben des Trierer Erzbischofs Balduin legt der sogen. Kurverein zu Rhense in einem Weistum fest, daß eine Königswahl keiner päpstlichen Bestätigung bedarf 1346-1378 Karl IV., deutscher König; Kaiserkrönung 1355 1348 Gründung der Universität in Prag - 1348-1349 Pestepedemie 1356 Kaiser Karl IV. erläßt in Metz die "Goldene Bulle": alleiniges Königswahlrecht der Kurfürsten; die unteilbaren Kurfürstentümer erhalten Gerichts- und Landeshoheit 1377 veranlaßt Katharina v. Siena (1347-1380) Papst Gregor XI. zur endgültigen Rückkehr nach Rom 1378-1417 großes abendländisches Schisma: nach dem Tode von Papst Gregor XI. wird in Rom Papst Urban VI. und als Gegenpapst Clemens VII. gewählt, der in Avignon residiert.
Boemund II. v. Saarbrücken (1354-1362) **Kuno II. v. Falkenstein** (1362-1388)	1362: Erzbischof Bomund II. legt aus Altersgründen sein Amt nieder (+ 1367); der seit 1360 als Koadjutor fungierende Kuno v. Falkenstein wird Nachfolger. - 1363: Kuno wird Administrator des Erzbistums Köln 1367: Kuno und die Stadt Trier schließen einen Schutzvertrag; er übergibt dem Dom zu Trier das ihm von Kaiser Karl V. geschenkte Haupt der hl. Helena 1371: Erzbischof Kuno erwirbt Engers für das Erzstift 1388: Kuno verzichtet zugunsten seines Großneffen Werner v. Falkenstein auf das Amt des Erzbischofs; Papst Urban VI. gab dazu seine Zustimmung. 1389-90: Belagerung von Oberwesel durch Soldaten des Erzbischofs	1378-1400 Wenzel, deutscher König; 1388 Gründung der Universität Köln - 1389 Nach dem Tode vom Papst Urban VI. wird Bonifaz IX. neuer Papst in Rom 1400 König Wenzel wird abgesetzt; Ruprecht von der Pfalz wird als neuer deutscher König (1400-1410) gewählt. 1410-1437) Sigismund, deutscher König; Kaiserkrönung 1433 1414-1418 Konzil von Konstanz:: Beseitigung des Schimas; Wahl des Papstes Martin V. (1417-1431) -1415 Johann Hus wird auf dem Konzil in Konstanz als Ketzer verurteilt und auf dem Scheiterhaufen verbrannt 1431-1439 Konzil von Basel und Florenz; Papst Eugen IV. (1431-1447)
Werner v. Falkenstein (1388-1418) **Otto v. Ziegenhain** (1418-1430)	1401: Geburt des Nikolaus Krebs in Kues 1403: König Rupprecht von der Pfalz in Trier 1417: Werner v. Falkenstein auf dem Konzil in Konstanz; Dompropst Otto v. Ziegenhain ist Leiter der Trierer Konzilsdelegation 1419: Erzbischof Otto v. Ziegenhain weist alle Juden aus dem Erzstift aus 1421-39: Abt Johannes Rode aus St. Eucharius / St. Matthias reformiert die Trierer Benediktinerabteien und wird Generalvisitator in den Kirchenprovinzen Trier und Köln sowie einiger Bistümer der Mainzer Provinz. - 1422: 57 Benediktineräbte treffen sich in Trier zur Annahme der Bursfelder Reform	1438-1439 Albrecht II. Von Österreich, deutscher König 1440-1493 Friedrich III., deutscher König; Kaiserkrönung 1452 durch Papst Nikolaus V. (1447-1455) (letzte Kaiserkrönung in Rom). 1451 Herzog Philipp v. Burgund gliedert nach dem Tod der Elisabeth v. Görlitz das ihm übertragene Herzogtum Luxemburg seinen Landen ein. 1452 Johann Gutenberg beginnt mit dem Druck der 42zeiligen Bibel 1453 die Türken erobern unter Mehmet II. Konstantinopel 1455-1458 Papst Calixt III.
Rhaban v. Helmstätt (1430-1439) **Jakob I. v. Sierck** (1439-1456)	1430: Wegen der Doppelwahl von Jakob v. Sierck und Ulrich v. Manderscheid durch das Trierer Domkapitel ernennt Papst Martin V. Rhaban v. Helmstätt zum Trierer Erzbischof, dies führt zur sog. Manderscheider Fehde (1432-1436). - 1433: vergebliche Belagerung der Stadt Trier durch Ulrich v. Manderscheid (+ 1437) 1439: Rhaban verzichtet auf das Amt des Erzbischofs; Jakob v. Sierck als Koadjutor wird von Papst Eugen IV. zum neuen Erzbischof ernannt. - 1440: Jakob v. Sierck wird Reichskanzler des Königs Friedrich III. 1446: Absetzung des Erzbischofs Jakob v. Sierck durch den Papst Eugen IV. wegen seiner Anerkennung des Gegenpapstes Felix V. - 1447: Wiedereinsetzung des Jakob v. Sierck durch Papst Nikolaus V. - Nikolaus v. Kues errichtet in Kues das St. Nikolaushospital 1448: Papst Nikolaus V. ernennt Nikolaus v. Kues zum Kardinal 1449: Weihe der Wallfahrtskirche in Eberhardsklausen durch den Erzbischof.	1458-1464 Papst Pius II. (Enea Silvio Piccolomini) 1464-1471 Papst Paul II. - Mehmet II. unterwirft Griechenland 1467-1477 Karl der Kühne, Herzog von Burgund 1471-1484 Papst Sixtus IV. 1477 Maria, die Erbin von Burgund, heiratet Maximilian (I.) von Österreich; Habsburg kommt so in den Besitz der burgundischen Länder. 1483: Geburt Martin Luther (+ 1546) in Eisleben 1484-1492 Papst Innozenz VIII.; er erläßt eine Bulle gegen Zauberei und Hexenwesen 1486: Maximilian wird noch zu Lebzeiten seines Vaters Kaiser Friedrich III. zum deutschen König gewählt
Johann II. v. Baden (1456-1503)	1454: Papst Nikolaus V. erteilt dem Trierer Erzbischof die Genehmigung zur Errichtung einer Universität 1459: Augustiner-Chorherren übernehmen Eberhardsklausen und richten ein Kloster ein 1464: Tod des Nikolaus v. Kues 1473, 16. März: Erlaß des Trierer Stadtmagistrats zur Eröffnung der Trierer Universität, nachdem die Stadt vom Kurfürsten die päpstliche Genehmigung für 2000 Goldgulden erworben hatte; von September bis November 1473 Fürstentag in Trier: Treffen des Kaisers Friedrich III. in Begleitung seines Sohnes Maximilian mit Herzog Karl dem Kühnen v. Burgund 1499: Die Brüder vom gemeinsamen Leben lassen sich in St. German nieder und eröffnen eine Schule	1487 Bartolomea Diaz umsegelt das Kap der Guten Hoffnung 1491 Geburt Ignatius v. Loyola (+ 1556) 1492 Entdeckung Amerikas durch Christoph Kolumbus 1492-1503 Papst Alexander VI. Borgia 1493-1503 Maximilian I.; Kaiserkrönung 1508 1495 Reichstag zu Worms: Verkündung des Ewigen Landfriedens; zur Beseitigung des Fehderechtes wird das Reichskammergericht eingesetzt. 1498 Vasco da Gama findet den Seeweg nach Indien - der Dominikaner Savonarola wird in Florenz hingerichtet 1500 Entdeckung Brasiliens durch den Portugiesen Pedro Alvares Cabral

Trier und Koblenz als Zentren
- Dr. Dieter Kerber -

Die Metropole Trier

Die antike Tradition, die Bischofssitze in großen Städten begründete, und der Standort der Bischofskirchen bestimmten den Sitz der geistlichen Würdenträger. Die kanonische Vorschrift der Residenzpflicht, die auch für die Bischöfe galt, tat ein Übriges, die Bischofsstadt zum vorgegebenen Zentrum des Erzbistums Trier und des weltlichen Herrschaftsgebietes, des Erzstifts, zu machen. Der Trierer Bischof wohnte zunächst in der Nähe des Doms innerhalb des um 1000 befestigten Domberings. Soweit die Quellen Rückschlüsse zulassen, haben sich die Trierer Erzbischöfe zumindest bis zum Hochmittelalter auch vorwiegend in ihrer Kathedralstadt aufgehalten. Die Nutzung der römischen Palastaula (die heutige "Basilika") als Bischofspfalz seit dem 12. Jahrhundert ist ein eindrucksvoller Beleg hierfür. Aufenthalte außerhalb Triers waren zumeist durch die Rolle der Erzbischöfe als Oberhirten ihrer Diözese oder durch Reisen im Dienste der Kaiser und Könige bedingt.

Innerhalb der geistlichen Verwaltung nahm Trier als Sitz des Erzbistums mit den Sufraganbistümern Metz, Toul und Verdun stets eine bevorzugte Stellung ein. Das Domkapitel als Wahlkollegium der Erzbischöfe - die mit umfangreichen Einwirkungsmöglichkeiten ausgestattete "Mit-Regierung" des Erzstifts - gab seinen Standort bei der Domkirche innerhalb Triers nie auf. Die Politik der Domherren blieb stets auf Trier als Zentrum ausgerichtet. Auch die Archidiakone von Trier, Tholey, Longuyon, Karden und Dietkirchen residierten bevorzugt in Trier, wo sie wichtige Stellen im Domkapitel innehatten.

Die geistlichen Gerichtshöfe in Koblenz und Trier, die Offizialate, deren Einrichtung unter Erzbischof Balduin von Luxemburg etabliert wurde und deren Grenzziehung entlang des Eltzbachs auf ältere Einteilungen Rücksicht nahm, waren in ihrem Wirkungskreis klar voneinander getrennt. Für die geistliche Verwaltung bedeutete dieses gleichberechtigte Nebeneinander eine nachhaltige Zweiteilung des Erzbistums, die bis zum Ende des Alten Reiches Bestand hatte.

Illusionistische Darstellung der Stadt Trier in der Schedelschen Weltchronik, fol. 23 r. Nürnberg, 1493

Koblenz, Ehemalige kurfürstliche Burg, 13. - 17. Jahrhundert

Koblenz: Herrschaftsmittelpunkt und Residenz

Während die Erzbischöfe bis zu Balduin von Luxemburg (1307-1354) sich noch hauptsächlich in Trier aufhielten, änderte sich dies in der zweiten Hälfte des 14. Jahrhunderts unter den Erzbischöfen Kuno und Werner von Falkenstein, die sich nun zunehmend, Werner fast ausschließlich, in Koblenz und Ehrenbreitstein aufhielten. Die Grablege beider Erzbischöfe in der Koblenzer St.-Kastor-Kirche belegt augenscheinlich diese Bedeutung des Herrschaftszentrums am Rhein. Während der Manderscheider Fehde (1430-1436), die zur völligen Ruinierung nicht nur der Finanzen des Erzstifts führte, zeigte sich diese Konstellation in anderer Weise, als Ulrich von Manderscheid, der seinen Rückhalt vornehmlich im Koblenzer Raum und im Niedererzstift hatte, alles daran setzte, die Bischofsstadt zu erobern, um seine Ansprüche durchzusetzen. Nochmals wurde die Bedeutung Triers als eigentlicher Sitz der Erzbischöfe erkennbar.

Eine nachhaltige und für die Zukunft richtungsweisende Änderung trat unter Erzbischof Johann II. von

Auch die sich im 15. Jahrhundert formierenden Landstände - Klerus, Adel und Städte - übernahmen diese Unterteilung, so daß spätestens seit dieser Zeit Ober- und Niedererzstift festgefügte Einheiten bildeten. Die Rolle Triers als geistlicher und ideeller Mittelpunkt wurde allerdings niemals ernsthaft in Zweifel gezogen. Für die weltliche Regierung und Verwaltung des Erzstifts kann dies nicht gelten. Ausgehend von der namengebenden Bischofsstadt konnten die Trierer Erzbischöfe zunächst in unmittelbarer Nähe Triers und im Trierer Umland ein eigenes Herrschaftsgebiet ausbilden. Im Laufe des 10. Jahrhunderts gelang es, ihren Einflußbereich entlang der Mosel bis über den Rhein hinaus auszudehnen. Als Kaiser Heinrich II. im Jahr 1018 dem Trierer Erzbischof Poppo den Königshof Koblenz mit allem Zubehör schenkte, war hiermit eine Entwicklung vorgezeichnet, die zur Ausbildung eines zweiten Herrschaftszentrums des Erzstifts führte. Zunächst vereinzelte, dann immer häufigere Aufenthalte der Erzbischöfe in Koblenz und auf der rechtsrheinischen Burg Ehrenbreitstein zeugen von dem Bemühen, auch durch persönliche Präsenz die dortigen Besitzungen zu sichern und von einem Mittelpunkt aus zu organisieren.

Koblenz, Ehemalige Stifts- und heutige Pfarrkirche St. Kastor

Baden (1456-1503) ein, der in Koblenz und vor allem auf der Burg Ehrenbreitstein ein machtvolles Herrschaftszentrum ausbaute und diesen Raum zum Mittelpunkt des Erzstifts machte: Sämtliche wichtigen Regierungs- und Verwaltungseinrichtungen hatten hier ihren Sitz. Daneben verblaßte die Rolle Triers als Residenz ebenso wie die des 1552 und 1673/74 zerstörten Pfalzel als Nebenresidenz. Gründe für diese Verlagerung dürften vor allem in der zentralen Lage am Rhein als wichtigem Handelsweg und Hauptkommunikationsachse sowie in der größeren Gefährdung Triers an der Westgrenze des Reiches zu suchen sein.

Die Residenz und Hauptstadt am Rhein

Die Erzbischöfe des 16. Jahrhunderts setzten diese Tradition fort und bauten Koblenz und Ehrenbreitstein, inzwischen eine geradezu uneinnehmbare Festung, weiter aus. Philipp Christoph von Soetern ließ 1626-1629 am Fuße des Ehrenbreitstein die nach ihm benannte Philippsburg als großartiges Residenzschloß errichten, das die Wehrhaftigkeit der Festung zusätzlich unterstrich. Trier spielte nur noch die Rolle der geistlichen Metropole des Erzbistums. Während des 18. Jahrhunderts gingen die Trierer Erzbischöfe daran, ihre Stellung als bedeutende Reichsfürsten, ganz im Stile barocker Prachtentfaltung, auch nach innen zu demonstrieren, indem auch die kleineren Residenzen durch prachtvolle Schloßbauten aufgewertet wurden. Beispiele hierfür sind die erhaltenen Schlösser in Montabaur und Engers sowie Schönbornslust bei Koblenz, Wittlich und Kärlich, aber auch der Neubau des Südflügels des Trierer Palastes.

Ihren Abschluß fand die Entwicklung mit dem Schloßbau in Koblenz. Der letzte Trierer Kurfürst Clemens Wenzeslaus von Sachsen ließ außerhalb der mittelalterlichen Stadtbefestigung ein frühklassizistisches Schloß errichten, das er mit seinem Hofstaat 1786 bezog. Bekanntlich konnte er sich nur noch wenige Jahre an seiner neuen Residenz erfreuen, aber Koblenz war nun die unbestrittene Hauptstadt des Erzstifts und Kurfürstentums Trier.

Koblenz-Ehrenbreitstein, Festung, Dikasterialgebäude und Marstall

Die Verfolgung Andersdenkender

- Prof. Dr. Richard Laufner -

Toleranz gegenüber Andersdenkenden war keine Tugend des mittelalterlichen Bürgers. Ein Beispiel für Unverständnis, Mißgunst und Verfolgung ist das Verhältnis der christlichen Mehrheit zu der kleinen jüdischen Minderheit.

Die Trierer Judengemeinde des Mittelalters wohnte in ihrem eigenen, vermutlich in der 2. Hälfte des 10. Jahrhunderts erbauten Viertel am Hauptmarkt, das genauso wie der bis 1418 an der Jüdemerstraße gelegene Friedhof von einer Mauer umgeben war. Ihren Lebensunterhalt bestritten die Juden, da sie nicht Mitglieder der Handwerkszünfte werden konnten, traditionell mit Handel und mit Geldgeschäften. Diese Vertrautheit mit Finanzangelegenheiten erregte den Neid und die Mißgunst der Trierer Bürger und brachte ihnen oft genug den Vorwurf des Wuchers ein. Andererseits konnten es einige Trierer Juden dank ihrer Kompetenz in Finanzangelegenheiten zu Ehren und Ansehen bringen, wie Muskin (1323-36), Jakob Daniels (1336-41) oder dessen Schwiegersohn Michael (1341-49), die den Trierer Erzbischof und Kurfürsten Balduin von Luxemburg in Finanzfragen berieten und dessen Einkünfte höchst erfolgreich verwalteten. Es kam auch vereinzelt vor, daß Juden als Leibärzte der Erzbischöfe Ansehen erringen konnten. Trotzdem besaßen die Juden nicht das Bürgerrecht und waren vielfältigen Anfeindungen ausgesetzt, die in Übergriffen gegen die Judengemeinde gipfeln konnten. Die erste bekannte Judenverfolgung fand in Trier, wie auch in zahlreichen anderen deutschen Städten, anläßlich des 1. Kreuzzuges im Jahre 1096 statt. Obwohl die Juden Schutz in der Pfalz des Erzbischofs Egilbert fanden, sahen sie wegen den die Pfalz belagernden Kreuzfahrern nur den Ausweg, sich taufen zu lassen. Mit Ausnahme ihres Rabbiners kehrten sie aber schon im folgenden Jahr zu ihrem alten Glauben zurück. Auch der zweite Kreuzzug brachte der

Trier, Ekklesia aus dem Figurenschmuck der Westfassade der Liebfrauenkirche, um 1250
Trier, Bischöfl. Dom- und Diözesanmuseum

Trierer Judengemeinde Unglück, wurde doch der Rabbi Simeon, als er sich auf der Rückreise von England nach Trier befand, von Angehörigen dieses Kreuzzuges erschlagen. Als diese Tat von Kreuzzugsprediger Bernhard von Clairvaux verurteilt wurde, zog er sich den Unmut der Volksmenge zu.

Wie schnell bei bestimmten Ereignissen die Stimmung zu Pogromen eskalieren konnte, zeigt der Fall des Knaben Werner. Als man Ostern des Jahres 1287 in einem Feld bei Bacharach die Leiche des Knaben Werner fand, der vielleicht einem Sexualdelikt zum Opfer gefallen war, lastete man den Juden von Oberwesel einen Ritualmord an. Dies führte zu Pogromen in 21 Städten vom Niederrhein bis zur Nahe, bei denen einzelne Judengemeinden vollkommen ausgerottet wurden. Die Leiche des Knaben wurde nach Bacharach überführt und in der Kunibertkapelle beigesetzt. Werner wurde bald als Märtyrer verehrt; über seinem Grabe errichtete man eine neue Wernerkapelle. In den Jahren 1426-1429 führte der gelehrte Bacharacher Pfarrer Winand von Steeg einen Heiligsprechungsprozeß, dem jedoch in Rom der Erfolg versagt blieb.

Die jüdische Gemeinde Triers erholte sich von allen Schlägen und erreichte ihren Höhepunkt in der ersten Hälfte des 14. Jahrhunderts, als die Größe der Gemeinde ungefähr 300 Menschen betrug, die 61 Häuser besaßen, darunter ein Gemeindehaus, ein Frauenbad und jeweils eine Synagoge für Männer und Frauen.

Dann kam es, trotz eines 1338 mit der Trierer Obrigkeit geschlossenen Schutzvertrages, zur Katastrophe. Als 1349 in Trier die Pest wütete und die Menschen in Angst und Schrecken versetzte, suchten diese einen Sündenbock. Schnell machte man die Juden als vermeintliche Verursacher der Pest aus. Was folgte, war eine Judenverfolgung, die an Grausamkeit mit dem ersten Pogrom nicht zu vergleichen war. Wahrscheinlich wurde die komplette Trierer Judengemeinde umgebracht oder zur Flucht gezwungen. Hab und Gut wurde geraubt, die Schuldbriefe verbrannt und der Friedhof verwüstet. Weder der mächtige Kurfürst und Erzbischof Balduin, noch die Trierer Obrigkeit vermochten dem wütenden Treiben der aufgebrachten Menge Einhalt zu gebieten. Von diesem Schlag erholte sich die mittelalterliche Judengemeinde nicht mehr, auch wenn Balduins Nachfolger Boemund II. (1354-61) sich um eine Wiederansiedlung bemühte, einen jüdischen Hofarzt einstellte und sich bei Kaiser Karl IV. die Erlaubnis zur erneuten Ansiedlung von Juden holte. Erst ab 1362 erfolgte ein erneuter Zuzug von jüdischen Familien. Deren Zahl wurde jedoch vertraglich auf höchstens 25 fixiert. Aber selbst diese geringe Zahl dürfte zwischen 1362 und 1418 nur zur Hälfte

Trier, Synagoge aus dem Figurenschmuck der Westfassade der Liebfrauenkirche, um 1250
Trier, Bischöfl. Dom- und Diözesanmuseum

erreicht worden sein. Der Grund dafür ist in der weiterhin schlechten wirtschaftlichen und politischen Lage der Juden zu suchen. 1377 wurden die Juden, zusätzlich zum jährlich an den Trierer Erzbischof zu zahlenden Schutzgeld, zur Beteiligung am "Ungeld" verpflichtet, einer indirekten Umsatzsteuer. 1390 werden die Juden durch das Schuldentilgungsgesetz von Wenzel, dem Nachfolger Kaiser Karl IV., zur Herausgabe all ihrer Schuldbriefe gezwungen, was sie ihrer Geschäftsgrundlage beraubte. Die schlechte Lage dieser Jahre war auch Grund für die Übersiedelung des Juden Mengin nach Andernach, das zu Kurköln gehörte.

Ende des Jahres 1418 oder Anfang des Jahres 1419 kam dann der nächste Rückschlag für die Trierer Judengemeinde. Der Trierer Erzbischof und Kurfürst Otto von Ziegenhain (1418-30) verwies die Juden wegen Wuchers aus dem Erzstift Trier. Dabei mußten sie ihren ganzen Besitz aufgeben und auf alle Schuldscheine und Pfandschaften zu Gunsten des Erzbischofs verzichten, der laut Schätzungen daraus einen Ertrag von 60.000 Gulden erzielte. Die so ihres Besitzes beraubten und vertriebenen jüdischen Familien gingen wohl größtenteils in die unweit Triers gelegenen, aber nicht zu Kurtrier gehörenden Orte Aach, das zur Benediktinerabtei St. Irminen gehörte und Butzweiler, das zur Abtei St. Maria ad Martyres gehörte. Denkbar ist auch eine Ansiedlung in den zu St. Maximin gehörenden Orten Oberemmel, Fell, Longuich und Detzem oder in den damals luxemburgischen Orten Wiltingen, Langsur, Wasserliesch, Ralingen und Edingen.

Zur ersten Wiederzulassung von Juden kam es im Niedererzstift Trier, in Koblenz und den umliegenden Gemeinden durch den Erzbischof und Kurfürsten Richard von Greiffenklau (1511-1531). Dieser gestattete zwei jüdischen Familien die Niederlassung in Koblenz-Lützel, danach zwei weiteren Familien in Koblenz selbst. In der Stadt Trier selbst verhinderten Widerstände in der Bevölkerung eine Neugründung der jüdischen Gemeinde bis 1620.

Figurengruppe der Flucht nach Ägypten aus der Trierer Welschnonnenkirche, 1. Viertel 16. Jahrhundert Trier, Bischöfl. Dom- und Diözesanmuseum

Die Gründung der alten Trierer Universität

- Dr. Winfried Weber -

Am 16. März 1473 versammelte sich nach einer Predigt im Dom und einem Pontifikalamt in der Liebfrauenkirche eine Festversammlung im Refektorium des Domkreuzganges, um die Eröffnung der Trierer Universität zu proklamieren. In einer feierlichen Erklärung betonte der Magistrat der Stadt voller Stolz und Selbstbewußtsein, daß diese Hohe Schule "zur Ehre Gottes, zum Nutzen der Allgemeinheit und zur Erhöhung des Ansehens der Stadt nach reiflicher Überlegung" eingerichtet werde. Man betrachtete dies gewissermaßen als eine Vorsorge und - um es mit einem modernen Begriff auszudrücken - als eine Zukunftsinvestition der Stadt. Zwar erwähnten die Bürgermeister in ihrer Erklärung "die besondere Mitwirkung des Trierer Erzbischofs Jakob v. Sierck seligen Angedenkens und des jetzigen gnädigen Fürsten und Erzbischofs (Johann II. v. Baden) tätige väterliche Mitarbeit", doch wußte damals ein jeder, daß die Stadt Trier kurz vorher dem in finanziellen Schwierigkeiten befindlichen Erzbischof für 2000 Gulden die päpstliche Genehmigung zur Errichtung einer Universität abgekauft hatte; damit war die Stadt als Universitätsgründer an die Stelle des Landesherrn und Erzbischofs getreten, der weder selbst bei der feierlichen Eröffnung anwesend noch durch seinen Weihbischof Johann v. Eindhoven vertreten war.

Dabei war die Initiative zur Gründung einer Trierer Universität einst vom Erzbischof ausgegangen; Jakob v. Sierck, der Vorgänger Johanns II. v. Baden, hatte schon 1450 bei seinem Rombesuch von Papst Nikolaus V. das Recht zur Gründung eines "Gymnasiums" erreicht, wobei die schriftlichen Gründungsbullen allerdings erst 1454 ausgestellt wurden. Da zwischenzeitlich Erzbischof Jakob v. Sierck in vielen kostspieligen Auseinandersetzungen und Fehden verstrickt war und schließlich 1456 starb, drohte das Trierer Universitätsprojekt der Vergessenheit anheim zu fallen, zumal auch Johann II. v. Baden nach seiner Wahl zum Erzbischof zunächst andere Sorgen hatte. Doch nunmehr wurde seit den 60er Jahren des 15. Jahrhunderts in Fragen der Universitätsgründung der Magistrat der Stadt aktiv und begann mit dem Erzbischof über eine Universitätsgründung zu verhandeln. Angesichts des damals aktuellen Streites zwischen der Stadt und dem Erzbischof um die Reichsunmittelbarkeit Triers wird sicherlich diese Frage der Einrichtung einer Universität für den Magistrat hoch bedeutsam gewesen sein, zumal sich damit beim prunkvollen Zusammentreffen von Kaiser Friedrich III. und seinem Sohn Maximilian mit Herzog Karl dem Kühnen von Burgund, das im Herbst des Jahres 1473 in Trier stattfand, trefflich das Selbstbewußtsein der Stadt herausstellen ließ. So versprach man denn auch seitens der Stadt im Gründungserlaß "den lesenden Doktoren sowie den später hinzukommenden Professoren und Magistern hochherziges Gehalt ... sowie den einzelnen Studierenden ... Wohlwollen." Mehrere 1473 von der Stadt erworbene Häuser im Bereich der Dietrichstrasse und dem heutigen Nikolaus-Koch-Platz ließ der Magistrat in umfangreichen Umbaumaßnahmen als Universitätsgebäude herrichten; hierzu gehörten auch Studentenunterkünfte, die sogenannten Bursen, die sich jedoch nicht nur in unmittelbarer Nähe der Universitätsgebäude befanden, sondern auch an anderen Stellen der Stadt eingerichtet wurden.

Die päpstliche Bestätigung der Trierer Universitätsgründung mit der Gewährung von Privilegien (z.B. Zuweisung von Pfründen zur wirtschaftlichen Sicherung) erfolgte durch Papst Sixtus IV. am 26. Mai 1474. In demselben Jahr entstand auch das erste Universitätssiegel, durch ein Schriftband eigens als "S(igillum) almi studii Treverensis" bezeichnet. Das Siegelbild zeigt in einem Zinnenkranz, wohl die Stadt symbolisierend, den hl. Paulus als Patron der Universität, flankiert

Siegel der Trierer Universität, 1474 (Abguß)

Trier, Steipe, erbaut 1481-1483, nach Zerstörung im Zweiten Weltkrieg wiederaufgebaut. Ostfassade mit Figurenschmuck (Abgüsse, Originale im Städt. Museum Simeonstift)

von den heiligen Kirchenvätern Augustinus und Ambrosius, die beide mit Trier in besonderer Weise verbunden sind. Zwei Wappenschilde, eines mit dem hl. Petrus als Stadtpatron, das andere mit dem Trierer Kreuz stehen für die Stadt und das Erzstift bzw. den Erzbischof als die Begründer und Garanten der Universität. Andererseits unterstreicht das Schriftband am Siegelrand nochmals deutlich das besondere Engagement der Stadt: "Treveris ex urbe Deus complet dona sophie 1474" (Von der Stadt Trier aus vollendet Gott der Weisheit Gaben 1474).

Laut päpstlicher Genehmigung von 1454 wurde in Trier ein "Generalstudium" mit den üblichen vier Fakultäten eingerichtet: die theologische, die juristische und die medizinische Fakultät sowie die Fakultät der sieben freien Künste (d.h. die philosophische oder Artistenfakultät mit den ursprünglichen Fächern Grammatik, Rhetorik, Dialektik, Arithmetik, Geometrie, Astronomie und Musik). Die Artistenfakultät stellte das "Grundstudium" für die erstgenannten "höheren" Fakultäten dar. Mit der Aufnahme des Lehrbetriebs war Trier nach den Universitäten in Köln (1388), Erfurt (1392), Rostock (1419) und Basel (1459/1460) die fünfte Universität im deutschsprachigen Raum, die vornehmlich durch die Bürgerschaft gefördert worden war. Bemerkenswert ist, daß in den Anfangsjahren vor allem Professoren und Studenten aus Köln und Erfurt nach Trier wechselten; auch die Bettelorden, besonders die Dominikaner und Karmeliter, schickten aus ihren Studienhäusern nunmehr nicht nur die Studenten an die neue Universität, sondern waren dort auch als Professoren tätig. Somit war ein hoffnungsvoller Beginn der neuen Trierer Universität gegeben, wenn auch die erheblichen Kosten im Wesentlichen zunächst nur von der Stadt getragen werden mußten. Die versprochenen Finanzmittel aus den verschiedenen kirchlichen Pfründen blieben weitgehend aus, so daß sich schon 1477 eine erste wirtschaftliche Krise auftat, ein Problem, welches die Trierer Universität bis zu ihrer Auflösung im Jahre 1798 immer wieder verfolgen sollte. Zudem war der Trierer Hohen Schule in der 1477 in Mainz eröffneten Universität eine neue Konkurrenz erwachsen, zu der auch einige der Trierer Professoren und Studenten abwanderten. Nach einem Aufschwung in den 80er Jahren des 15. Jahrhunderts folgte in den ersten Jahrzehnten des 16. Jahrhunderts im Zuge des allgemeinen Niederganges vieler Universitäten eine neue Krise, die den Weiterbestand der Universität in Trier ernstlich gefährdete. Einer der damaligen Professoren behauptete 1535, die Trierer Universität sei "fast zu Grabe getragen". Erst mit der Übernahme durch die Jesuiten ist es 1560 zu einer Erneuerung und einer gewissen Konsolidierung der Trierer Universität gekommen.

Durch die mit Duldung der Erzbischöfe von der Bürgerschaft betriebenen Gründung der Universität reihte sich Trier nunmehr in die Reihe der europäischen Universitätsstädte ein, denn schon seit dem 13. Jahrhundert hatte sich die neue Bildungseinrichtung der Universität herausgebildet. In früherer Zeit war eine "höhere" Ausbildung nur an den Kloster- und Domschulen möglich, eine Ausbildung, die vornehmlich dem Klerus vorbehalten war. Die ältesten und zugleich berühmtesten Universitäten gab es in Paris (1215) und Bologna (1252); so besuchte Balduin v. Luxemburg im Alter von 13 Jahren 1299 die Universität Paris und studierte dort bis 1307 Philosophie, Theologie und Rechtswissenschaft, ehe er zum Erzbischof von Trier gewählt wurde. Im Laufe des 13. Jahrhunderts gab es vornehmlich in Südeuropa, aber auch in England (Cambridge, Oxford) weitere Universitätsgründungen, denen im 14. Jahrhundert mit den Gründungen u.a. in Prag (1347), Krakau (1364) und Wien (1365) die ersten Universitäten in den Ländern Mitteleuropas folgten. Erzbischof Jakob v. Sierck hatte in jungen Jahren an der 1385 eingerichteten Universität in Heidelberg studiert, sein Nachfolger Johann II. v. Baden war Student in Erfurt, Pavia und Köln.

Die Einrichtung der Trierer Universität liegt in der Hauptgründungsphase der europäischen Universitäten und bildete nunmehr für das Erzstift ein eigenes Studienzentrum, dessen Einzugsgebiet von der mittleren Maas im Westen bis in das Lahngebiet im Osten reichte; auch für die Trierer Suffraganbistümer, vor allem Metz, aber auch Toul und Verdun, war die Trierer Universität als Ausbildungsstätte bedeutsam. Mit Recht konnte der Trierer Magistrat am Ende des 15. Jahrhunderts stolz auf "seine" Universitätsgründung sein. Ausdruck dieses Stolzes ist auch das in den Jahren 1481-83 an der Westseite des Hauptmarktes errichtete repräsentative Stadthaus, Steipe genannt; nicht nur die beiden Geharnischten im Figurenschmuck der Südfassade, sondern auch die vier Patrone in den Zwickeln der Erdgeschoßarkaden belegen das städtische Selbstbewußtsein: Neben dem hl. Jakobus d. Älteren als Patron des Bürgerspitals, dem hl. Petrus als Stadtpatron und der hl. Helena, von der es damals hieß, sie sei sogar in Trier geboren, ist auch der hl. Paulus als Patron der Universität dargestellt, die dadurch nochmals als eine "städtische" Initiative hervorgehoben wurde.

Kirchenbau und bildende Kunst im alten Erzbistum

- Prof. Dr. Franz Ronig -

Die Kunstgeschichte des alten Erzbistums von 1100 bis 1500 und die des heutigen Bistums Trier unterscheiden sich in nicht geringem Umfang durch die 1821 eingetretene Neuordnung der Bistumsgrenzen. Die Landkarte des alten Erzbistums (S.7) zeigt uns, was das Erzbistum 1821 verloren hat: im Westen Luxemburg, weite Teile Lothringens und Teile Belgiens; im Osten alle Gebiete lahnaufwärts bis vor die Tore Gießens und große Teile des Westerwaldes. Der Vergleich der Karten zeigt aber auch die Zugewinne: im Norden das Gebiet um die Ahr (früher Kölnisch); im Süden das Gebiet um Nahe und Glan (früher zu Main gehörig). - Versuchen wir, das Gesamte zu berücksichtigen.

Werke der romanischen Baukunst

Der Kirchbau verzeichnete im 12. Jahrhundert auch im Bistum Trier eine besondere Blüte. Manches ist untergegangen oder durch einen Neubau ersetzt; manches hat nur in Resten überlebt, wie die vielen romanischen Kirchtürme an der Mosel und im ganzen Land bezeugen. Aber dennoch ist eine solche Fülle erhalten, daß dies in diesem kleinen Beitrag kaum zu bewältigen ist.

Trier, Dom: Spätromanischer Ostchor, mit gotischen Osttürmen und barocker Heiltumskammer

Für Trier ist das wichtigste Zeugnis der große neue Ostchor am Dom, der am 1. Mai 1196 geweiht und in dessen Hochaltar damals der Heilige Rock als die bedeutendste Reliquie übertragen wurde. Im Gegensatz zum Westchor des 11. Jahrhunderts ist der Ostchor polygonal geschlossen, besitzt mächtige Strebepfeiler auf den Ecken und Flankierungstürme, die sich zum Inneren des Chores in Kapellen öffnen. In dieser Anlage folgt der Bau einem in Lothringen verbreiteten Modell, dessen prominentester Vertreter die Kathedrale von Verdun war. Bekrönt wird der Bau außen durch eine rheinische Zwerggalerie nach dem Muster der in Münstermaifeld.

Aber die ehemalige Metropole hat weitere romanische Bauten aufzuweisen. Denken wir an die monumentale Pfeilerbasilika St. Matthias oder auch an den doppelgeschossigen romanischen Ostchor der Simeonskirche (Porta Nigra). Auch diese Gebäude sind kunstgeschichtlich mit Lothringen verbunden.

Ein weiterer Höhepunkt und geradezu ein Zentrum romanischer Baukunst ist Koblenz und der Koblenzer Raum. Die prominenteste der dortigen Kirchen ist die ehemalige Stiftskirche St. Kastor am Deutschen Eck. Mit fast der gesamten mittel- und niederrheinischen Baukunst ist sie verbunden durch das Äußere der Apsis in Form eines "Rheinischen Etagenchores", wie er wohl erstmals vollendet am Bonner Münster ausgebildet wurde und dann eine große Verbreitung fand. Man muß nur etwa an die Chöre von Andernach, Karden, Lonnig und Bacharach denken, um den Verbreitungsgrad im Bistum Trier zu ermessen. St. Kastor ist aber auch bedeutsam durch seine Doppelturmfassade. Auch damit steht es in einem größeren Zusammenhang; man denke an die Zweiturmfassaden von Koblenz St. Florin und Liebfrauen, an Andernach, Limburg, Dietkirchen/Lahn und Ravengiersburg, um nur einige zu nennen.

Münstermaifeld, Ehem. Stifts- und heutige Pfarrkirche St. Martin und St. Severus: Ostchor (Mitte 13. Jahrhundert) und südl. Querschiff

Eine weitere Gruppe spätromanischer Chöre schart sich um das späte Beispiel der Peterskirche in Sinzig: die Apsiden von Heimersheim, Linz, Remagen und Münstermaifeld. Sie sind dadurch gekennzeichnet, daß sie an Stelle eines halbkreisförmigen Abschlusses einen polygonalen besitzen, der eine ähnliche "Etagengliederung" aufweist wie die oben genannten Chöre.

Boppard, Pfarrkirche St. Severus: Mittelschiff

Neben den romanischen Pfeilerbasiliken, wie wir sie in einfacher wie auch vollendeter Form etwa in Hirzenach oder Altenahr, in Mertloch, Polch oder Hammerstein kennenlernen, gibt es im Rheinland zahlreiche Emporenbasiliken, bei denen die Seitenschiffe zweigeschossig ausgebildet sind. Da finden wir den etwas kargeren und fast asketisch wirkenden Typ wie in den Kirchen in Koblenz (Liebfrauen), Linz, Bad Ems und Dietkirchen; daneben aber auch die in reichen Formen schwelgenden wie in Andernach, Sinzig, Bacharach und als Höhepunkt den Limburger St. Georgsdom, der 1235 vom Trierer Erzbischof Theoderich geweiht wurde.

Boppard, Pfarrkirche St. Severus (1. Viertel 13. Jahrhundert): Südseite

Einen Sonderfall stellt die Abteikirche Maria Laach dar. Gründung und Plan reichen noch in das 11. Jahrhundert zurück (1093). Indem man bis ins 13. Jahrhundert dem Plan mit den sechs Türmen, den zwei Querschiffen und den zwei Apsiden treu blieb, finden wir einen "salischen" Bau, der aber in seinen Einzelformen von den Stilen des 12. und des 13. Jahrhunderts geprägt ist.

Werke der romanischen Bildkünste

Von den Werken der "bildenden Künste" ist in den Stürmen der Zeit leider vieles verloren gegangen. Die höchste Verlustrate finden wir bei den Werken der Glas- und der Wandmalerei; aus der Zeit der Romanik sind die Werke entweder total verloren oder so stark beschädigt, daß ihr künstlerischer Wert nur noch dort wahrnehmbar ist, wo die Malereien geschützt waren - wie etwa die Reste von Wandmalerei über dem Gewölbe der Koblenzer St. Kastor-Kirche. Nur die Buchmalerei hat besser überlebt. Durch die geschlossene Aufbewahrung der Handschriften in den Bibliotheken ist manche Kostbarkeit aus Kirchen und Klöstern konserviert worden.

Im Dom zu Trier sind zwei Meisterwerke der Bildhauerkunst des 12. Jahrhunderts erhalten: Das große Bogenfeld über dem Portal, das vom Dom zur Liebfrauenkirche führt, zeigt den thronenden Christus zwischen den fürbittenden Gestalten von Maria und Petrus. Es ist ein Werk höchster künstlerischer Qualität und dichter theologischer Aussage: Christus

Trier, Neutorrelief, um 1140 (heute im Rathaussaal eingebaut)

als das menschgewordene Wort ist zugleich auf geistige Weise die Tür zum Paradies; der Patron des Domes und die Patronin der Liebfrauenkirche stehen ihm zur Seite. Außerdem besitzt der Dom eine komplette Reihe von Lettnerreliefs mit Christus, Maria und den zwölf Aposteln. Man kann diesen Figuren das große Neutorrelief (heute im Rathaussaal) an die Seite stellen.

Einen Begriff von der Ausstattung einer bedeutenderen romanischen Kirche gibt uns das monumentale Triumphkreuz der Severuskirche in Boppard. Es ist der gekrönte Herr am Kreuz; Leiden und Tod sind schon wie überwunden, die Herrlichkeit des Ostersieges umleuchtet Christus bereits.

Trier, Dom: Figürlicher Lettner mit thronendem Christus, Maria (12. Jahrhundert) und der 1974 von J. Peschau neu geschaffenen Figur des Johannes d. T.

Boppard, Pfarrkirche St. Severus: Triumphkreuz, um 1225-1230

Werke der hochgotischen Baukunst

Als die Limburger Stiftskirche St. Georg, jenes bedeutendste Werk der Spätromanik, durch Erzbischof Theoderich von Wied 1235 konsekriert wurde, hatte man in Trier bereits mit dem Bau der hochgotischen Liebfrauenkirche neben dem Dom begonnen. Die spätromanische Sinziger Peterskirche wuchs fast zeitparallel mit der Liebfrauenkirche auf. Die erste Hälfte des 13. Jahrhunderts war, wie man sieht, eine Zeit voller künstlerischer Gegensätze und Spannungen. Die Trierer Liebfrauenkirche stellt in Plan, Aufriß, Raum und Baukörper geradezu ein Wunderwerk der Architektur dar. Ganz aus den Formvorstellungen französischer Bauhütten erwachsen, ist sie dennoch ein absoluter Einzelfall innerhalb der europäischen Architektur. Bei keinem Bau ihrer Zeit wurde die Geometrie so zum bestimmenden Faktor des Ganzen, nach dem jeder Pfeiler, jede Mauer, jedes Gewölbe seinen Platz hat, so daß sogar der geistig-symbolische Gehalt in der Geometrie gründet. Der moderne Mensch steht staunend, ja fassungslos in diesem Raum, wird still und kann sich keinen Reim darauf machen, wie aus der Anwendung der Geometrie ein solches Kunstwerk und eine solche Atmosphäre entstehen können.

Die Baumeister der Hochgotik haben in Trier bereits vor der Erbauung der Liebfrauenkirche gearbeitet, den Dom gewölbt, die Franziskanerkirche (später: Jesuiten) begonnen und den Domkreuzgang des 10. Jahrhunderts total erneuert.

Neben diesen "modernen" und richtungweisenden Bauten gab es auch solche, die noch ganz in der Tradition der ausgehenden Romanik verharrten. (Davon war schon oben die Rede.) Hierhin gehört auch der Bau der Zisterzienserinnenkirche St. Thomas

Thronenden Muttergottes aus der Gegend von Koblenz, wahrscheinlich aus Weiler bei Salzig, um 1244 (dendrochronologische Datierung) Trier, Bischöfl. Dom- und Diözesanmuseum

Trier, Inneres der Liebfrauenkirche

an der Kyll, bei dem sich die Strenge der Zisterzienserarchitektur mit Formen der rheinischen Romanik verbindet und einen eindrucksvollen Raum von geradezu meditativer Stille erzeugt.

Die Stiftskirche Unserer Lieben Frau zu Kyllburg mit Kreuzgang und Stiftsgebäuden ist mit der Landschaft eine unerhörte Symbiose eingegangen. Der Baubeginn liegt noch im 13. Jahrhundert, die Vollendung im folgenden. Die Kyll umfließt in einer langen Schleife den Sporn einer Berglandschaft. Wie eine sanfte Bekrönung - im Gegensatz zu der heroischen des Limburger Domes - liegt das Stift auf dem Hügel, dessen Landschaft in den letzten Jahren vor den Angriffen der Baulust bewahrt werden konnte.

Oberwesel, Liebfrauenkirche: Blick von Südwest

Kyllburg, Ehem. Stifts- und heutige Pfarrkirche

Wie ein Hort gotischer Kunst möchte Oberwesel mit seinen Kirchen und Bildwerken gesehen werden. Die beiden großen Kirchen, St. Martin am Berge und Liebfrauen unten am Rhein, dazu die Wernerkapelle auf der rheinseitigen Stadtmauer sind bedeutende Zeugnisse gotischer Baukunst des 14. Jahrhunderts. Wie ein steiler Block steigen Schiff und Turm der Liebfrauenkirche empor. Die Fenster wirken wie ausgeschnitten aus einer glatten und ungegliederten Wand; die Strebepfeiler sind ins Innere verlagert.

Oberwesel, Liebfrauenkirche: Detail des Goldaltares

Bildkünste der Hochgotik

An erster Stelle sind hier die Figuren des reichen Zyklus an der Trierer Liebfrauenkirche zu nennen; sie schmücken Westfassade und Portale. Der Meister dieser Figuren kam aus einer der

Oberwesel, Liebfrauenkirche: Goldaltar in aufgeklapptem Zustand (14. Jahrhundert)

großen französischen Hütten wie etwa der der Kathedrale in Reims; das zeigt sein Stil, das zeigt auch seine Qualität. Der Zyklus ist heilsgeschichtlich orientiert: beginnend mit Adam und Eva, endend mit der Vollendung der Schöpfung unter dem Bild der Krönung Marias im Himmel (Nordportal).

Was in Trier-Liebfrauen sich am Äußeren vollzieht, ist in Oberwesel ins Innere verlagert: Alle Herrlichkeit ist innen! Welcher Reichtum an Wandmalerei und an figürlicher Kunst! Der zierlich gearbeitete und transparente Lettner trennt den Stiftschor von der Volkskirche. Sein fast filigranes Maßwerk und die zierlich geschwungenen Figuren lassen die Schwere des Steines vergessen. Der Pfarraltar steht vor dem Lettner. Der Blick geht zwischen den Lettnerstäben hindurch und trifft auf den Goldaltar. Er ist zwar aus Holz geschnitzt, aber aufs reichste vergoldet. Bei Betrachtung seines Glanzes und seiner Herrlichkeit möchte man glauben, er hätte sich aus dem Himmel auf die Erde gesenkt.

St. Wendel, Pfarr- und Wallfahrtskirche St. Wendalinus mit dem Reliquiensarkophag und Hochgrab des hl. Wendalinus (1. Hälfte 15. Jahrhundert)

Ein eindrucksvoller Zyklus hochgotischer Wandmalerei befindet sich in der Martinskirche in Linz am Rhein. Große Heiligengestalten unter Baldachinen zieren die Wände; ein Zug pilgernder Menschen nähert sich dem hl. Jakobus.

St. Wendel, Pfarr- und Wallfahrtskirche mit der Tumba des hl. Wendalinus (vor 1360); bronzene Deckplatte mit Figur des Heiligen (1924)

Bauten der Spätgotik

Stellt man sich Gewölbe der Hochgotik und solche der Spätgotik nebeneinander vor, möchte man - außer der Verwendung von Gewölberippen - kaum Gemeinsamkeiten erkennen; so sehr hat sich das künstlerische Empfinden verändert. Folgen in der Hochgotik die Gewölberippen dem System der diagonal verlaufenden Gewölbegrate, so entwickeln die Rippen des 15. Jahrhunderts ein geometrisch-ornamentales Netz, das kaum mit der Baustatik eines Gewölbes in Einklang zu stehen scheint: sie spalten und verzweigen sich, vereinen sich wieder. Es gibt (meist) keine Kapitelle; die Rippen wachsen wie Palmzweige aus den Pfeilern und Wanddiensten.

Gern denkt man bei diesem Stil etwa an den Wendalinusdom in St. Wendel im Saarland oder an die evangelisch gewordenen Schloßkirchen in Kirchberg und Meisenheim am Glan. In Trier bietet die St. Antoniuskirche ein solches Gewölbe mit immer neuen Überraschungen in der Linienführung. Häufig hat man auch romanische Kirchen mit solchen Gewölben versehen, wie es in den Koblenzer Kirchen Liebfrauen und St. Kastor zu sehen ist. Das Meisterstück dieser Art indessen ist in der Trierer Matthiaskirche zu finden. Der Meister hat das spätgotische Netzgewölbe so geschickt in das romanische Mittelschiff eingesetzt, daß eine Einheit entsteht, von der man glauben möchte, sie sei von Anfang an so geplant.

Trier, Inneres der Abteikirche St. Matthias

Besondere Eigentümlichkeiten im spätgotischen Kirchenbau sind die Einstützenkirche und auch der zweischiffige Raum. Der Anfang damit wurde in der Hospitalkirche zu Cues gesetzt, die der große Kardinal Nikolaus auf seine Kosten errichten ließ. Der einzige Pfeiler steht als Mittelstütze in dem quadratischen Raum des Schiffes und trägt so die Gewölbe. Viele Kirchen in der Eifel folgen diesem Schema; manche älteren Räume sind nachträglich auf diese Weise eingewölbt worden. - Aber auch die Zweischiffigkeit wird bedeutsam, wobei die Gesamtanlage häufig asymmetrisch ist wie

Klausen, Pfarr- und Wallfahrtskirche: Detail aus dem spätgotischen Flügelaltar

etwa in Trier St. Antonius oder in Klausen. Die Pfarrkirche in Neuerburg (Eifel) ist indessen ein prominentes Beispiel für eine symmetrische Zweischiffigkeit.

Bildkünste der Spätgotik

Nun beginnt die Zeit der großen Flügelaltäre, seien sie gemalt oder geschnitzt. Mit dem Oberweseler Goldaltar hatte das im frühen 14. Jahrhundert schon begonnen. Der Mangel an eigenen und bodenständigen Künstlern einerseits und die Konzentration von Künstlern in bedeutenden Städten wie etwa Köln oder Antwerpen andererseits führte zu einem Import von Produkten solcher Werkstätten. So besitzen wir heute noch im Bistum Trier drei große vielfigurige Schnitzaltäre aus Antwerpen: in Klausen, in Münstermaifeld und in Merl. (Der aus Pfalzel ist nach Wien abgewandert.) Ähnlich ist es mit den gemalten großen Flügelaltären, etwa im Nikolaushospital in Cues, in den Pfarrkirchen Linz, Sinzig, St. Goar, Oberwesel oder in der (heute evangelischen) Felsenkirche in Idar-Oberstein. Sie stammen aus den großen Zentren der spätgotischen Malerei.

Wand- und Deckenmalereien schmücken die Kirchen aus. Stringente Programme (wie etwa beim Figurenzyklus der Trierer Liebfrauenkirche) gibt es kaum mehr. Die Qualität der Malereien ist zum Teil frappant; der theologische Zusammenhang ist indessen meist locker oder wirkt wie zufällig.

Überblickt man die Zeit von ca. 1100 bis ca. 1500, der dieses Heft gewidmet ist, so spürt man sowohl in den Werken der Architektur als auch in denen der Bildkünste einen großen Wandel. Einerseits waren es die Künstler und die ihnen innewohnenden kreativen Kräfte, welche die überkommenen Formen und Stile veränderten und so die künstlerische Entwicklung vorantrieben; andererseits waren auch die Ideen und das Denken und Fühlen Veränderungen unterworfen, von denen uns die schriftlichen Zeugnisse Kunde geben: in Liedern und Hymnen, in Dichtung und Romanschreibung, im Beten und Singen, in den Werken der Theologie und der Philosophie

Trier, Dom: Savignykapelle, Hl. Christophorus, 2. Hälfte 15. Jahrhundert

Karden, Ehem. Stifts- und heutige Pfarrkirche St. Kastor: Ehemaliger Hochaltaraufsatz, um 1410-1420

Trier, Dreifaltigkeitskirche (sogen. Jesuitenkirche): Westportal, 15. Jahrhundert

Klöster und Stifte im Erzbistum

- Dr. Frank Hirschmann -

Die Zeit um 1100 war in Westeuropa geprägt durch das Aufkommen neuer religiöser Bewegungen im Gefolge der Kirchenreform. Man besann sich auf die Ideale der Urkirche und strebte danach, in der Nachfolge des Erlösers in Armut und Gemeinschaft zu leben. Die Klöster wie auch die Kirche in ihrer Gesamtheit strebten nach Loslösung vom Zugriff weltlicher Herren. Mit der Reformbewegung ging eine Klerikalisierung der Amtskirche einher, die auf eine schärfere Trennung zwischen Klerikern und Laien abzielte. Dies wiederum hatte einen großen Zulauf von Laien, insbesondere auch Frauen, in die jetzt entstehenden neuen Orden zur Folge. Diese Orden sind zum Teil aus der Armutsbewegung und dem Eremitentum erwachsen, ihre Ideale wurden wesentlich durch Wanderprediger verbreitet.

Zisterzienser

Im burgundischen Citeaux etwa strebte man eine radikale Rückbesinnung auf die Benediktsregel an, aus welcher dann der benediktinische Reformorden der Zisterzienser erwuchs. Der neue Orden verbreitete sich rasch über ganz Europa, er prägte das gesamte 12. Jahrhundert kulturell und wirtschaftlich wesentlich mit. Das bedeutendste Zisterzienserkloster des Trierer Erzbistums war Himmerod. Im Jahre 1134 schickte der Ordensgründer, der hl. Bernhard von Clairvaux, auf Bitten des Erzbischofs Mönche aus Clairvaux nach Trier, ein Jahr später siedelten diese in die Nähe von Kordel um, und 1138 bestimmte Bernhard selbst den neuen Standort im Salmtal, wo sich das Kloster heute noch befindet. Bereits 1132 waren die Mönche von Orval im Westen der Diözese dem Orden beigetreten. Himmerod und Orval blieben die einzigen Zisterzienserklöster im Erzbistum Trier.

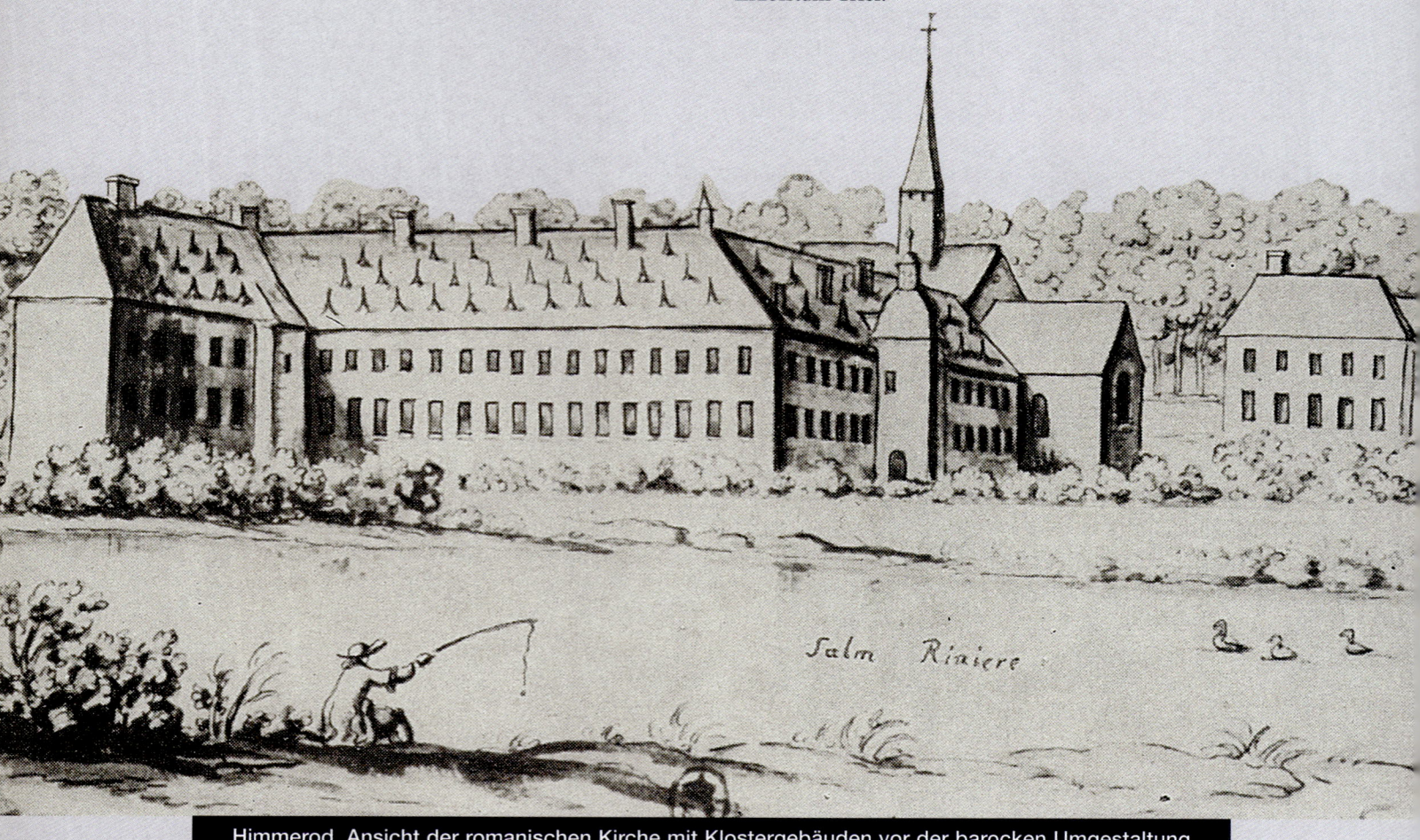

Himmerod, Ansicht der romanischen Kirche mit Klostergebäuden vor der barocken Umgestaltung

Ehemaliges Zisterzienserinnenkloster St. Thomas an d. Kyll; Westfassade der Kirche

St. Thomas an d. Kyll, Inneres mit Blick auf die ehemalige Nonnenempore

Die Zisterzienser waren im 12. Jahrhundert für zahlreiche Neuerungen verantwortlich: sie investierten in die Infrastruktur (Rodungen, Anlage von Teichen, Bau von Mühlen usw.), waren wesentlich an der Verbreitung technischer Neuerungen beteiligt, errichteten ländliche Wirtschaftshöfe (Grangien) und Stadthöfe, so Himmerod in Trier, Köln, Bonn, Speyer, Echternach und anderen Städten. Dadurch war der Orden - und dies auch schon in seiner Anfangsphase - nicht etwa ein auf die Einsamkeit der Wälder beschränktes Phänomen, sondern auf das Engste mit dem Wirtschaftsleben seiner Zeit verbunden. Insbesondere Himmerod war topographisch, personell, institutionell und wirtschaftlich fest in der Stadt Trier verankert.

Seit dem ausgehenden 12. Jahrhundert wurden auch zahlreiche locker gefügte Frauengemeinschaften dem Zisterzienserorden inkorporiert. Die Zuordnung war meist eher abhängig von den verwandtschaftlichen und herrschaftlichen Verhältnissen als von der bewußten Wahl der Ordensregel. Das älteste und bedeutendste dieser Klöster war St. Thomas an der Kyll, wo Nonnen lebten, die spätestens 1215 dem Zisterzienserorden angehörten.

Der Konvent - einer der ersten in Europa, der den kurz zuvor ermordeten hl. Thomas Beckett zum Patron erhob - blühte rasch auf und unterhielt wie die Männerzisterzienser enge Beziehungen zu Trier und Köln.

In Trier selbst (bzw. unmittelbar südlich der Stadt) bestand seit Mitte des 12. Jahrhunderts das Frauenkloster Löwenbrücken, das 1232 zisterziensisch und wie St. Thomas formal dem Himmeroder Abt unterstellt wurde. Im Jahre 1242 wurde das Kloster "In der Leer" vor den Toren von Koblenz offiziell dem Orden zugeführt. Ähnlich verlief die Entwicklung beim seit 1278 zisterziensischen Frauenkloster in Wallersheim nördlich von Koblenz. Auch vor den Toren anderer Städte entstanden Frauenklöster, die dem Zisterzienserorden zugewiesen werden, so Allerheiligen bei Oberwesel oder Bonneweg bei Luxemburg. Hinzuweisen ist ferner auf das bedeutende Zisterzienserinnenkloster Clairefontaine, das 1253 in den Orden aufgenommene Hauskloster der Luxemburger Grafenfamilie, gelegen an der Straße von Trier nach Arlon. Daneben entstand eine Fülle weiterer Frauenkonvente des neuen Ordens.

St. Thomas an d. Kyll, Statue des hl. Thomas Becket (2. Hälfte 14. Jahrhundert)

Trier, Abteikirche St. Matthias: Moderne Tumba mit der spätgotischen Liegefigur des hl. Matthias

Benediktiner

Auch traditionelle Benediktinerinnenklöster wurden noch im Verlauf des 12. Jahrhunderts ins Leben gerufen. Diese waren meist mehr oder weniger lose einem Männerkloster unterstellt. Das wohl bedeutendste war das auf Initiative von Bopparder Bürgern gegründete Kloster Marienberg. Zu nennen wären aber auch etwa Oberwerth bei Koblenz, Dirstein bei Limburg an der Lahn oder Schönau im Taunus. Letzteres war übrigens eines der wenigen dauerhaft bestehenden benediktinischen Doppelklöster.

Für die traditionellen Benediktinermönche war das 12. Jahrhundert ebenfalls eine Zeit der Blüte und Erneuerung. St. Eucharius in Trier etwa wurde im Jahre 1111 der Reform zugeführt und erlebte danach eine große Blütezeit, die auch in sehr reger literarischer Tätigkeit (hier entstanden die "Gesta Treverorum") und dem Neubau der Abteikirche ihren Niederschlag fand. 1127 entdeckte man das angebliche Grab des Apostels Matthias, der in der Folgezeit eine bedeutende Wallfahrt hierher zog und den ursprünglichen Klosterpatron Eucharius zunehmend verdrängte. Auch St. Maximin blieb weiterhin eine der bedeutendsten Abteien des Reiches, mußte politisch jedoch eine schwere Niederlage einstecken: Nach langen Auseinandersetzungen wurde die ehemalige Reichsabtei 1146 endgültig der Autorität des Erzbischofs unterstellt.

Seit der zweiten Hälfte des 11. Jahrhunderts gründeten die Benediktinerklöster vor allem im frankophonen Westen der Diözese auch Tochterklöster, die sogenannten Priorate, Propsteien oder Zellen. Es sind dies mit wenigen Mönchen besetzte und der jeweiligen Abtei unterstellte Klöster, die entweder zur Verwaltung bestimmter Grundherrschaften oder auf Initiative lokaler Adliger gegründet wurden, die so an ihren Stammsitzen eine Grundausstattung an geistlicher Versorgung gewährleisteten. Die Gründungswelle setzte sich das ganze 12. Jahrhundert hindurch - wenn auch mit nachlassender Dynamik - fort. Die wenigen im deutschen Sprachraum entstandenen Priorate (etwa in Ebernach, Buchholz, Andernach oder Hirzenach) waren oft nur klein und kurzlebig bzw. sanken bald nach ihrer Gründung zu bloßen Wirtschaftshöfen herab.

Prämonstratenser

In der zweiten Hälfte des 11. Jahrhunderts kam neben der Benediktsregel eine strengere, sich auf den hl. Augustinus berufende Ordensregel auf, auf die sich eine in zahlreiche Zweige verästelte Reformbewegung berief. Frühestes Beispiel in der Trierer Erzdiözese ist das 1096 bezeugte, aber stets unbedeutend bleibende lothringische Kloster St. Montan. Der bekannteste dieser Reformorden ist der von Norbert von Xanten begründete und nach dem Mutterkloster Prémontré benannte. Im Erzbistum Trier faßten die

Prämonstratenser seit den 1130er Jahren Fuß: 1135 entstanden die Klöster in Wadgassen an der Saar und in Rommersdorf im Neuwieder Becken, 1139 gründete Graf Ludwig von Arnstein ein Prämonstratenserkloster an seiner Stammburg über dem Lahntal. Hinzu kam später noch die 1202 durch die Grafen von Sayn an deren Stammburg errichtete Abtei. Die Prämonstratenserklöster waren in ihrer Anfangsphase häufig Doppelklöster, d.h. in unmittelbarer Entfernung zum Männerkonvent lebte eine - oftmals mit Aufgaben in der Textilherstellung oder Krankenpflege betraute - Frauengemeinschaft. Erst im 13. Jahrhundert schotteten sich die Orden gegen die Frauen ab, die Frauengemeinschaften wurden an neue Standorte verlegt.

Springiersbach

Daß die neuen religiösen Bewegungen gerade in der Trierer Diözese eine Vielzahl von Frauenklöstern hervorbrachte, hängt auch mit dem Nachholbedarf des Bistums zusammen, in dem östlich der Kathedralstadt selbst um diese Zeit kein Frauenkloster bestand. Bezeichnenderweise entstand hier auch ein eigenständiger Ansatz innerhalb der weit verzweigten augustinischen Reformbewegung: Um 1100 gründete die aus einer Ministerialenfamilie stammende Benigna in einem Seitental der Mosel das Kloster Springiersbach, an dessen Spitze ihre Kinder Richard und Tenxwind standen. Springiersbach war - wie Prémontré und andere Reformklöster - zunächst ein Doppelkonvent, aber hier wie dort wurde die Frauengemeinschaft wenig später ausgelagert, als Tenxwind 1128 den Konvent mit einigen Frauen verließ und in Andernach ein neuen Kloster (St. Marien) gründete. Dieses erfreute sich eines derart massiven Zulaufes, daß sich der Erzbischof genötigt sah, die Zahl der dort lebenden Frauen auf maximal 100 zu begrenzen. Wie groß die Attraktivität der neuen religiösen Bewegung, aber auch der Nachholbedarf an Frauenklöstern im Osten der Erzdiözese war, dokumentiert auch die große Anzahl weiterer Springiersbacher Tochterklöster. Schon 1117 entstand auf einer Moselinsel das Frauenkloster Stuben, in Lonnig auf dem Maifeld faßten die Springiersbacher 1136 Fuß, wobei die Frauen 1143 von dort nach Schönstatt unterhalb von Ehrenbreitstein verlegt wurden, 1142 wurde in der Marienburg bei Kaimt hoch über der Mosel ein weiteres Frauenkloster gegründet. 1148 stellte der Erzbischof das Trierer Benediktinerinnenkloster St. Irminen/Ören unter die Aufsicht des Abtes von Springiersbach (wobei die Nonnen sich beharrlich weigerten und darauf beharrten, weiterhin unter der Benediktsregel zu leben). Eher locker mit Springiersbach verbunden waren ferner das 1157 in Pedernach bei Boppard gegründete Doppelkloster und das 1129 im äußersten Osten des Bistums gegründete, ebenfalls (und in diesem Falle auch dauerhaft) mit Männern und Frauen besetzte Kloster auf dem Schiffenberg bei Gießen. Die Springiersbacher Verbandsbildung blieb aber - im Gegensatz etwa zu der von Prémontré - in Ansätzen stecken. Vor allem die Trierer Erzbischöfe wirkten dem entgegen, da Springiersbach und seine Tochterklöster eng mit den Pfalzgrafen verbunden und diese territorialpolitische Konkurrenten der Erzbischöfe waren. Nach dem Tod des charismatischen Gründers Richard verlor das Kloster an Ausstrahlungskraft.

Ritterorden

Zu den neuen Orden des 12. Jahrhunderts sind schließlich noch die Ritterorden (Templer, Johanniter und Deutschherren) zu zählen, die im Gefolge der Kreuzzüge im Heiligen Land entstanden sind. Diese Gemeinschaften christlicher Ritter widmeten sich dem Kampf gegen die Muslime, der Pflege der Kranken und der Betreuung der Pilger. In unserem Raum faßten die Ritterorden allerdings erst seit der ersten Hälfte des 13. Jahrhunderts Fuß: In den 1220er Jahren gründeten die Templer drei Kommenden im Erzbistum Trier, und zwar in der Kathedralstadt selbst, in Hönningen am Mittelrhein und in Roth an der Our. Das älteste Deutschherrenhaus im Erzbistum Trier ist das in Koblenz wahrscheinlich 1216 gegründete. Spätestens 1242 ließen sich Deutschherren auch in Trier selbst nieder, wo sie eng mit den städtischen Führungsgruppen verflochten waren, spätestens 1249 in Luxemburg. Nachdem die drei bedeutendsten Städte des Erzbistums somit über jeweils eine Deutschordenskommende verfügten, gründete der Orden auch Niederlassungen in kleineren Orten: in Waldbreitbach, Wetzlar und Beckingen. In Gießen traten sie 1323 die Nachfolge des Chorherrenstiftes an.

Die Johanniter schließlich waren in Trier seit den 1290er Jahren ansässig, zunächst jedoch, ohne eine eigenständige Kommende zu gründen. Dies änderte sich wenige Jahre später mit dem Untergang des Templerordens. Der immer mächtiger und reicher werdende Orden wurde aufgelöst, seine letzten Anhänger und der Großmeister als Ketzer verbrannt. Nutznießer waren unter anderem die Johanniter, die 1312 im Erzbistum Trier die ehemaligen Templerkommenden übernahmen.

Trier, Inneres der Dreifaltigkeitskirche (sogen. Jesuitenkirche), 13., 14. und 18. Jahrhundert

Bettel- und Seelsorgeorden

Das Aufkommen der Ritterordenskommenden im Erzbistum Trier ist etwa zeitgleich mit einem Phänomen, das im 13. Jahrhundert ganz Europa prägt: der Verbreitung der Bettel- oder Seelsorgeorden. Die neue religiöse Bewegung des ausgehenden 11. und des 12. Jahrhunderts hatte mittlerweile an Dynamik verloren, viele Zisterzienser- und Prämonstratenserklöster waren ihrerseits zu reichen Abteien geworden. Die neuerliche Erneuerung des Ordenslebens ging nunmehr vom Mittelmeerraum aus, wo während der ersten Hälfte des 13. Jahrhunderts die großen Bettelorden entstanden: in Italien die Franziskaner und Augustinereremiten, in Südfrankreich die Dominikaner, in Palästina die Karmeliter.

Die Franziskaner oder Minderbrüder ließen sich in Trier um 1228 nieder. Es folgten Niederlassungen in Limburg (um 1232), Koblenz (1236), Andernach und Oberwesel (um 1245), Luxemburg (wohl in den 1250er oder 1260er Jahren) und Wetzlar (um 1260). Der Orden, der nach einer eigenen Regel, der des hl. Franziskus lebte, war somit in nahezu allen größeren urbanen Zentren des Erzbistums vertreten, griff dann aber auch in den ländlichen Raum aus.

Etwa zeitgleich mit den Franziskanern traten die Dominikaner oder Prediger auf, die in den 1220er Jahren in Trier, zu Beginn der 1230er Jahre in Koblenz und schließlich 1292 in Luxemburg - also wiederum in den drei größten Städten - Niederlassungen gründeten.

Etwas später faßten die Augustinereremiten und die Karmeliter in unserem Raum Fuß. Erstere ließen sich wohl 1271 in Trier nieder. Weitere Klöster wurden 1306 in Wallerfangen und noch 1494 am Ehrenbreitstein gegründet. In Trier traten die Augustinereremiten übrigens die Nachfolge eines weiteren Bettelordens an, der sogenannten Sackbrüder, die sich in den 1260er Jahren von Südfrankreich her in zahlreichen europäischen Städten niederließen, aber schon 1274 wurd der Orden aufgehoben, die Konvente starben aus oder zerstreuten sich. Der vierte der großen Bettelorden, die Karmeliter, schließlich gründeten 1264 in Boppard ihre erste Niederlassung im Erzbistum Trier, wohl 1284 ließen sich sich die Karmeliter in der Kathedralstadt selbst nieder (die somit als einzige Stadt des Erzbistums über Klöster aller vier großen Bettelorden verfügte), 1291 in Arlon und noch in den 1460er Jahren in Tönisstein.

Frauenklöster

Ein weiteres Phänomen des 13. Jahrhunderts war das Entstehen bzw. die Verfestigung und Institutionalisierung zahlreicher Frauenkonvente. Ihre Ursprünge waren sehr unterschiedlich. Die Ordenszugehörigkeit war dabei häufig rein formal und sagte wenig über die tatsächliche Stellung der jeweiligen Klöster und deren Lebensweise aus. Tatsache ist, daß im Verlauf des 12. und 13. Jahrhunderts nahezu jedes der aufstrebenden urbanen Zentren mindestens einen Frauenkonvent erhielt. Besonders groß war die Bandbreite dabei in den größten Städten. In Trier etwa lebten die Nonnen im traditionsreichen Kloster St.

Irminen/Ören jetzt offiziell unter der Augustinusregel, in St. Katharinen und St. Barbara lebten Dominikanerinnen, in Löwenbrücken Zisterzienserinnen, dem Zisterzienserorden waren auch die Reuerinnen in St. Afra unterstellt, in St. Agneten befolgte man eine bettelordensähnliche Regel, in St. German gab es Weiße Frauen, hinzu kamen diverse Beginenhäuser. Ähnlich (aber der Größe der Stadt entsprechend in etwas kleinerem Maßstab) gestaltete sich das Bild in Koblenz: Neben den bereits erwähnten Zisterzienserinnen In der Leer und in Wallersheim und den Benediktinerinnen auf der Rheininsel Oberwerth entstand aus einer Begingengemeinschaft südlich von der Stadt ein Dominikanerinnenkloster, andere Frauengemeinschaften befolgten Lebensformen ähnlich den Beginen und waren in keinen Orden inkorporiert.

Kollegiatsstifte

Erwähnt seien schließlich noch die relativ zahlreichen im Verlaufe des 13. Jahrhundert gegründeten Kollegiatstifte. Wohl während des ersten Drittels jenes Jahrhunderts gründeten die Grafen von Chiny an ihrer Stammburg ein Stift, die Grafen von Diez riefen 1234 in Salz und 1294 in Diez selbst ein Stift ins Leben, die Trierer Erzbischöfe gründeten solche 1276 in Kyllburg und 1303 in Oberwesel (St. Martin), wo bereits im Jahre 1258 das Liebfrauenstift aufgrund der Initiative kleinerer Adliger entstanden war. 1328 schließlich statteten die Grafen von Idstein ihren Stammsitz auf dem Taunus ebenfalls mit einem Kollegiatstift aus. Die Motive der Gründer dürften in all diesen Fällen ähnlich gewesen sein: Es ging darum, die sakrale Ausstattung der Burgorte zu mehren und vor allem auch Verwaltungspersonal zu haben, das ähnlich gebildet war wie die Mönche, aber unter viel direkterem Zugriff der jeweiligen Herrschaftsträger stand. Neben den alten und neuen Kollegiatstiften gab es zahlreiche stiftsähnliche Gemeinschaften, die in den Quellen oft schwer faßbar und noch schwerer institutionell einordbar sind.

Krise und Erneuerung

Die Verbreitung der Bettelorden und die Verfestigung der Frauengemeinschaften kennzeichneten das 13. Jahrhundert somit als eine Epoche geistlich-religiöser und kultureller Erneuerung. Das 14. Jahrhundert dagegen gilt allgemein als eine Krisenzeit für die Klöster und Stifte.

Trier, Bischöfl. Dom- und Diözesanmuseum: Spätgotischer, wohl in einem Trierer Nonnenkloster gefertigter Bildteppich mit dem Anfang der Bildfolge über das Leben Mariens

Wirtschaftlich gerieten diese zunehmend in Schwierigkeiten, politisch hatten sie sich mit den aufstrebenden Städten und den weltlichen Territorialherren auseinanderzusetzen, neue religiöse Impulse gingen von den Klöstern im Gegensatz zu dem vergangenen Jahrhundert so gut wie nicht aus. Zu den wenigen geistlichen Institutionen, die auch jene Krisenzeiten recht unbeschadet überstanden, gehörten St. Maximin und das eine oder andere Bettelordenskloster. Die einzigen bedeutenden Neugründungen waren die Kartausen in Trier (ab 1330) und auf dem Beatusberg bei Koblenz (1331). Der Kartäuserorden, der versuchte, das Leben in einer benediktinischen Gemeinschaft und eremitische Ideale miteinander zu verbinden, war bereits im ausgehenden 11. Jahrhundert in den französischen Alpen entstanden, faßte aber erst jetzt in Deutschland Fuß. Die beiden Gründungen im Erzbistum Trier gehen auf Erzbischof Balduin zurück, der auch in der Folgezeit ihr wichtigster Förderer war.

Das 15. Jahrhundert brachte dann, zumindest, was das geistliche Leben angeht, einige wichtige Neuansätze. Aus allen drei Ordensregeln, der des Benedikt, der des Augustinus und der des Franziskus, heraus entwickelten sich Reformzweige oder -kongregationen, die teilweise sogar vom Erzbistum Trier aus ihren Ausgangspunkt nahmen. Dies gilt etwa für das Werk des bedeutenden Abtes Johannes Rode von St. Matthias, der für die Erneuerung benediktinischer Lebensformen entscheidende Impulse setzte. Von St. Matthias aus gingen Mönche nach Bursfelde bei Göttingen, und der dortige Konvent stand an der Spitze einer weit verbreiteten, zu Beginn des 16. Jahrhunderts knapp 100 Klöster umfassenden Kongregation.

Erfolgreich waren auch die Reformbemühungen, die von Deventer und Windesheim in den Niederlande ausgingen und zu dem neuen Orden der Brüder und Schwestern vom Gemeinsamen Leben führte. Am Anfang dieser Bewegung standen Laien, die ein gemeinschaftliches Leben in Frömmigkeit, verbunden mit sozialem Engagement, anstrebten. Obwohl man in Rom der Bewegung anfangs skeptisch gegenüberstand, erhielt diese rasch großen Zulauf. Im Trierer Erzbistum war die Zahl der Windesheimer Konvente freilich eher gering: 1420 gründeten Brüder vom Gemeinsamen Leben einen Konvent in Klausen, 1429 traten Windesheimer in Niederwerth bei Koblenz an die Stelle der Franziskanerinnen, und 1460 wurden die Frauenkonvente in St. Agneten und Ehrenbreitstein der Kongregation eingegliedert.

Reformen bei den Bettelorden führten unter anderem zur Spaltung der Orden in eine die Regel streng befolgtende Richtung (Observanten) und einen Zweig, der die Regeln laxer auslegte (Konventualen) sowie zur Gründung des - ebenfalls weitgehend laikal geprägten - Dritten Ordens des Heiligen Franziskus (Tertiaren). Insbesondere ging auch daraus eine beträchtliche Anzahl neuer Frauenklöster hervor, bzw. nahmen bis dahin locker gefügte Frauengemeinschaften die Dritte Regel an und verfestigten sich dann zu einem dauerhaften Konvent. Die Reformbewegung spaltete die Orden auch auf lokaler Ebene. Insbesondere in Trier gab es diesbezügliche heftige Auseinandersetzungen.

Am Vorabend der Reformation bestanden im Erzbistum Trier neben dem Domkapitel 24 Kollegiatstifte, 54 Frauenkonvente und 90 Männerklöster, insgesamt also 169 geistliche Institutionen. Darunter waren auch kleinere Orden wie die Wilhelmiten, Alexianer, Antoniter oder Reuerinnen, auf die alle einzugehen an dieser Stelle nicht möglich ist. Das Erzbistum war flächendeckend mit geistlichen Institutionen ausgestattet, wobei sich diese vor allem in den Städten sowie an den wichtigen Verkehrsachsen konzentrierten und eine große Vielzahl religiöser Lebensformen repräsentierten.

Trier, Domkreuzgang: Nordflügel